La diversité n'est pas
ce que vous croyez !

Du même auteur

Vous allez commettre une terrible erreur !, Flammarion, « Champs », 2019.

Vous allez redécouvrir le management !, Flammarion, 2020 ; rééd. « Champs », 2023.

Avec Bernard Garrette et Corey Phelps, *Trouvez-moi la solution !*, trad. P.-M. Deschamps, Flammarion, « Champs », 2021.

Avec Daniel Kahneman et Cass R. Sunstein, *Noise*, trad. Ch. Jaquet et O. Sibony, Odile Jacob, 2021.

Olivier Sibony

LA DIVERSITÉ N'EST PAS CE QUE VOUS CROYEZ !

Idées reçues, impasses, et comment en sortir

Flammarion

ISBN : 978-2-0804-5305-1

Introduction

Il y a quelques années, j'ai écrit un livre, *Vous allez commettre une terrible erreur !*. J'y parlais des erreurs stratégiques récurrentes que commettent les entreprises et du rôle des biais cognitifs dans leurs décisions.

J'ignore si ce livre a permis d'éviter quelques erreurs stratégiques. Je soupçonne d'ailleurs que bon nombre de ses acheteurs n'avaient pas l'intention de le lire, mais plutôt de l'offrir à quelqu'un qui préparait une décision importante, et à qui le titre du volume devait servir d'avertissement subtil… En tout cas, à ma grande surprise, le sujet sur lequel on m'a le plus souvent interrogé depuis la parution de ce livre n'est pas la décision stratégique. C'est la diversité.

Le sujet est évidemment capital. Presque toutes les entreprises présentent la diversité comme une priorité : 71 % d'entre elles déclarent lui dédier un budget [1], et 4 000 entreprises ont signé la charte de la diversité lancée par l'Institut Montaigne. L'Association française des managers de la diversité, qui regroupe les référents ou responsables de cette démarche, revendique 4 500 adhérents. Une centaine d'entreprises et d'organismes publics ont déjà obtenu le Label diversité, qui valide une démarche exigeante et rigoureuse. La *Harvard Business Review* propose près de deux mille articles, témoignages et études de cas sur la diversité.

Et pourtant, les résultats sont minces. En matière d'égalité hommes-femmes, plus de dix ans après la loi qui a rendu obligatoire en France la « représentation équilibrée des femmes et des hommes dans les conseils d'administration », près des deux tiers des entreprises sont encore en deçà de la proportion de femmes dans les comités de direction que la loi leur imposera à brève échéance [2]. Et, au cours des dernières années, seules deux ou trois des entreprises du CAC 40 et une douzaine de celles du SBF 120 étaient dirigées par des femmes. Contrairement à une idée reçue, ces chiffres ne traduisent pas un retard spécifiquement français : d'après Standard & Poors, notre pays se classe au septième rang mondial pour la part de femmes parmi les PDG [3]. La situation n'est donc guère meilleure dans la plupart des autres grandes économies. La *Harvard Business Review*, lasse de se voir reprocher que sa liste des « PDG de l'année » comprenne une écrasante majorité d'hommes blancs, a même renoncé à la publier [4].

La situation n'est pas meilleure non plus pour les autres formes de diversité qu'on peut mesurer. Le travailleur idéal a toujours entre 25 et 49 ans : malgré des progrès récents, le taux d'emploi des seniors reste inférieur de 18 points à celui des 25-49 ans [5], et le taux de chômage des plus jeunes était de 17 % en 2023 [6]. Quant aux personnes en situation de handicap, leur taux d'emploi reste inférieur de moitié à celui de la population française. L'une des raisons de ce retard est que l'obligation légale d'employer des personnes en situation de handicap n'est pleinement respectée que par 29 % des entreprises auxquelles elle s'applique[7].

En ce qui concerne l'origine ethnique, la religion, l'orientation sexuelle, l'apparence physique ou tous les autres critères sur lesquels les discriminations sont interdites, les statistiques sont très strictement encadrées[8]. On en est donc réduit à un constat qui est sans doute une litote : il n'y a pas de signe que ces diversités progressent. L'une des rares études disponibles, réalisée en 2022, a dénombré à peine 3,5 % de « minorités visibles » et 6 % de « diversité ethno-culturelle » parmi les quelque 1 800 membres de comités exécutifs du SBF 120[9].

Face à cette frustrante réalité, beaucoup d'entreprises ont désigné le coupable : les biais cognitifs qui perpétuent préjugés et discriminations. Mes interlocuteurs, qu'ils soient dirigeants d'entreprise, responsables de ressources humaines, journalistes ou étudiants, me tiennent peu ou prou le même langage. « Nous savons tous, expliquent-ils en substance, que la diversité est un facteur essentiel de performance. Pourtant, nos instances dirigeantes restent désespérément homogènes. Nous savons que ce sont nos biais inconscients qui nous empêchent, malgré tous nos efforts, de progresser sur ce chemin. Quelles actions de sensibilisation et de formation pouvons-nous entreprendre pour nous débarrasser de ces biais ? »

Ce discours, dominant dans la presse et sur les réseaux sociaux, semble plein de bon sens – et de bonnes intentions. Malheureusement, il est démenti par une quantité considérable de travaux de recherche sur la diversité. Ceux-ci, pris dans leur ensemble, conduisent à des conclusions radicalement différentes.

D'abord, prétendre que « la diversité nous rendra plus performants » est une fausse promesse. Cet argument économique ou, comme il est convenu de l'appeler, ce *business case* en faveur de la diversité, si souvent répété qu'il semble un lieu commun, ne résiste pas à l'analyse. Sur ce point, la recherche académique contredit clairement les innombrables rapports publiés par des organisations internationales, des groupes de travail politiques, des cabinets de conseil ou des banques. Au demeurant, que la diversité ait ou non un effet sur la performance ne change rien à son importance : une question d'équité et d'éthique ne devrait pas exiger d'argumentation économique. Comme la première partie de ce livre va le montrer, *ce n'est pas dans un but économique qu'il faut rechercher la diversité*.

Ensuite, *tenir les biais cognitifs pour seuls responsables du manque de diversité a conduit les entreprises à une impasse*. Il est vrai, bien sûr, que certains biais cognitifs jouent un rôle dans les choix des dirigeants. Mais, la deuxième partie de ce livre le montrera, une grande confusion règne autour des « biais implicites » censés expliquer le manque de diversité. Surtout, les stratégies que déploient les entreprises pour tenter de surmonter ces biais sont inefficaces, voire contre-productives. Cette obstination dans des voies sans issue aide à comprendre la modestie des progrès réalisés. Comme aurait pu le dire Bossuet, ces entreprises déplorent des effets dont elles chérissent les causes.

Quelles sont, donc, ces causes ? La troisième partie de ce livre le montrera : ce sont les *stéréotypes du leadership*. Pour sélectionner cadres et dirigeants, pour évaluer leur « leadership » – cette qualité aussi précieuse qu'indéfinissable –, nos jugements reposent nécessairement sur des modèles existants. Nous associons ainsi au leadership ce qui nous semble caractériser les dirigeants à succès d'hier et d'aujourd'hui : l'ambition, la confiance en soi, le goût du risque, le « charisme » ou encore l'appétence pour la compétition. Et ce sont ces caractéristiques que nous recherchons chez les dirigeants de demain.

Ce mode de sélection explique directement le manque de diversité : il est difficile, pour des personnes qui ne ressemblent pas au stéréotype du leader, de parvenir au sommet des organisations. Circonstance aggravante, ces traits stéréotypés ne sont, en réalité, pas des critères de sélection pertinents. Nous le verrons, ils ne sont ni suffisants, ni même nécessaires pour diriger efficacement. En somme, non seulement les dirigeants sont presque toujours des hommes blancs, mais ce ne sont pas forcément les meilleurs ! L'absence de diversité n'est qu'une des conséquences d'une méthode défaillante de sélection des élites, la partie émergée d'un iceberg d'erreurs. Ce n'est pas la maladie : c'est un symptôme.

Pour traiter à la fois la maladie et son symptôme, la quatrième partie de ce livre inventorie des pistes d'action qui visent à *redéfinir le leadership pour parvenir à plus de diversité*. Ces solutions ont un point commun : elles ne cherchent pas tant à changer les mentalités individuelles – tâche incertaine et difficile – qu'à faire évoluer les comportements au sein des organisations. Elles consistent donc à modifier *des processus, des règles et des méthodes de décision*. Des techniques de recrutement aux procédures d'évaluation en passant par la flexibilité du travail, la composition des équipes, et bien sûr la culture d'entreprise, on trouve dans les travaux de recherche, comme dans la pratique d'organisations pionnières, une mine de solutions concrètes. Ces solutions conduisent à la fois à plus de diversité et à de meilleurs choix. Cesser d'associer les qualités de leadership avec le profil des leaders d'hier, ce n'est pas seulement diversifier son *top management* : c'est l'améliorer.

* * *

Comme le sujet de la diversité est lui-même très divers, il impose des choix. Les entreprises ne sont pas déconnectées de la société : en matière d'égalité, elles ne peuvent pas tout. Et même pour les entreprises, la sélection des dirigeants n'est pas le seul problème. Mais c'est le problème clé, parce que c'est le levier le plus déterminant pour traiter efficacement les autres questions. Par ailleurs, si les exemples et les statistiques qui illustrent ce livre traitent le plus souvent de la diversité de genre, ce n'est pas parce que c'est la seule diversité qui compte, mais parce que c'est (de loin) le sujet sur lequel le plus de données et d'études sont disponibles. Les conclusions concernant la mixité sont pour l'essentiel transposables aux autres formes de diversité.

Il y a quarante ans, Françoise Giroud disait que « la femme serait vraiment l'égale de l'homme le jour où, à un poste important, on désignerait une femme incompétente ». Merveilleuse boutade, et juste diagnostic. Mais il n'est, bien sûr, ni souhaitable, ni nécessaire de suivre son conseil… Appelons donc de nos vœux un autre jour : celui où, à des postes importants, on désignera les personnes les plus compétentes. Et où, précisément parce que ce seront les meilleures, elles seront bien plus diverses qu'aujourd'hui.

I

Les mythes de la diversité

Aux origines d'une idée – Le *business case* n'en est pas un – Plus de diversité ne rend pas les équipes plus performantes – La diversité ne réduit pas les risques

1

AUX ORIGINES D'UNE IDÉE

Si la diversité a toutes les vertus qu'on lui prête sur votre fil LinkedIn, pourquoi éprouve-t-on le besoin de les rappeler sans cesse ? Depuis quand, et sur la base de quels raisonnements, les entreprises énumèrent-elles les avantages de la diversité pour leur *bottom line* ?

Dans un article de la *Washington Law Review*, la juriste américaine Jamillah Bowman Williams retrace l'historique du terme[10]. Pour les Américains, l'histoire de ce qu'on n'appelle pas encore « diversité » commence dans les années 1960, avec le combat des Noirs pour la conquête de leurs droits civiques. En réponse à leurs revendications, le Congrès va voter une série de lois pour en finir avec la ségrégation raciale dans l'éducation et les lieux publics (1964), pour assurer l'effectivité du droit de vote des Afro-Américains dans les États du Sud (1965), et pour favoriser l'égal accès au logement (1968).

Ces lois ne sont évidemment pas motivées par un quelconque calcul économique. Sans doute la société américaine a-t-elle beaucoup à gagner en cessant de se priver des talents d'une partie importante de sa population, mais l'argument semble totalement superflu. Si beaucoup soutiennent le combat de Rosa Parks quand elle refuse de s'asseoir à l'arrière du bus, ce n'est pas pour qu'il y ait plus de diversité à l'avant.

C'est donc bien dans un souci de *justice* que diverses institutions adoptent des politiques destinées à accroître la présence en leur sein des minorités ethniques. Utilisé pour la première fois en 1961 dans un décret du président Kennedy, le terme *affirmative action* est intentionnellement flou : il signifie alors en anglais la même chose qu'en français, c'est-à-dire pas grand-chose. Tout au plus *affirme*-t-il qu'il faut *agir* pour atteindre les buts fixés en matière de lutte contre les discriminations. Les universités en sont le fer de lance : permettre aux minorités d'accéder aux formations qui préparent les avocats, les leaders politiques ou les PDG de demain doit logiquement réduire les inégalités.

UN PROBLÈME CONSTITUTIONNEL

Il ne faudra pas longtemps pour que cette stratégie se heurte à un obstacle juridique sérieux. En 1973, Allen Bakke, un homme blanc, voit sa candidature à la faculté de médecine de l'Université de Californie rejetée de justesse. Or l'université utilise des quotas raciaux pour mettre en œuvre l'*affirmative action*. Au vu de ses notes, Bakke estime que, s'il avait été noir, il aurait pu poursuivre ses études. Il saisit donc la justice de ce qu'il considère comme une discrimination à son encontre.

L'affaire Bakke remonte jusqu'à la Cour suprême, qui l'examine en 1978. Elle lui pose un problème épineux.

D'un côté, sélectionner les candidats à l'université en fonction de la couleur de leur peau contrevient aux principes d'égalité qu'énonce la Constitution. De l'autre, la Cour, qui penche à gauche, considère que l'*affirmative action* est indispensable pour remédier à des inégalités profondément enracinées. Elle répugne donc à interdire purement et simplement aux universités de prendre en compte l'appartenance ethnique des candidats.

La Cour est divisée comme jamais. Les neuf juges ne produiront pas moins de six « opinions » pour exprimer leur désaccord ou les nuances de leur point de vue. Une majorité relative des juges, emmenée par le juge Lewis Powell, va pourtant trouver un compromis, qui fera jurisprudence pendant un demi-siècle *.

Les distinctions ethniques, juge la Cour, sont « intrinsèquement suspectes », et ne peuvent pas être utilisées de manière mécanique. Ce principe invalide tout système de quotas (y compris celui que conteste Bakke). Même un système « à points » qui accorde automatiquement un bonus aux candidats issus de minorités sous-représentées n'est pas acceptable, jugera la Cour en 2003 [11]. Mais les universités peuvent tout de même prendre en compte l'origine ethnique des candidats, à condition que ce ne soit que l'un des éléments d'un jugement global auquel concourent d'autres facteurs. Pourquoi ? Parce qu'un intérêt supérieur justifie cette entorse au principe général.

---

* Précisément jusqu'en 2023, et au revirement de jurisprudence d'une Cour suprême devenue très conservatrice : dans sa décision *Students for Fair Admissions v. Harvard*, la Cour interdit de fait totalement l'*affirmative action* dans les universités.

Cet intérêt supérieur, c'est la *diversité*. Une université peut souhaiter que son campus soit « aussi divers que cette nation composée de peuples multiples », écrit le juge Powell pour la Cour dans *Bakke*. Confirmant cette analyse dans une autre décision historique, la Cour jugera que la Constitution « n'interdit pas [...] d'utiliser la race dans les décisions d'admission de manière étroitement adaptée pour servir un intérêt impérieux, à savoir obtenir les avantages éducatifs qui découlent d'un corps étudiant diversifié [12] ».

Ainsi, il n'est plus question d'avantager telle ou telle minorité, ni même de rectifier des injustices historiques. Le seul enjeu est de permettre à tous les étudiants – y compris les plus favorisés – de fréquenter pendant leurs études des individus aux origines différentes des leurs. Oublié, le jeu à somme nulle des quotas, qui favorisent les uns en pénalisant les autres : la diversité enrichit tout le monde.

Si l'accent est mis sur la valeur ajoutée de la diversité plutôt que sur l'équité ou la justice qui l'imposent, ce n'est donc pas parce que l'une est plus importante que les autres : c'est le résultat d'un compromis. Un dilemme apparemment insoluble se trouve résolu, transcendé par une habile invention conceptuelle. Le tour de passe-passe de la Cour suprême transforme une pratique nécessaire, mais embarrassante et conflictuelle, en une amélioration qui profite à tous.

LE COMPROMIS DEVIENT ACTE DE FOI

Les universités adoptent cette logique avec enthousiasme. Stanford présente par exemple sa politique de sélection comme recherchant une « diversité d'opinions, de cultures, de communautés, de perspectives et d'expériences, qui, toutes, contribuent à remettre en cause les croyances, les passions, les opinions et la vision du monde de chaque étudiant [13] ». L'éminent professeur de philosophie et de droit Kwame Anthony Appiah se fait lyrique pour l'expliquer aux nouveaux étudiants de la New York University : « Ne me regardez pas, regardez-vous les uns les autres : la force de cette école est de rassembler les personnes incroyables que vous êtes. Nous, les profs, nous pourrions nous en aller ; le simple fait de vous avoir réunis serait déjà un grand cadeau que nous vous avons fait. Profitez-en ; considérez votre diversité comme une ressource, quelque chose d'excitant et de stimulant [14]. »

Le monde économique va adopter ce discours avec un peu de retard, mais pour les mêmes raisons. Comme dans les universités, il serait logique que les groupes majoritaires, qui sont naturellement en position de force dans la hiérarchie des entreprises, résistent à la promotion des minorités. Annoncer que la diversité dans les embauches et les promotions ne bénéficie pas seulement à ces minorités, mais à toute l'entreprise, est une manière de prévenir cette résistance. On espère ainsi « embarquer » tout le personnel dans la démarche de changement souhaitée.

Cette transposition du modèle universitaire dans le monde économique soulève néanmoins une difficulté. Elle ignore, en effet, une différence capitale : la finalité d'une entreprise est de gagner de l'argent ! Ce n'est pas (ou pas seulement) d'offrir à ses salariés une expérience enrichissante. Les entreprises vont donc devoir répondre à une question que les universités avaient éludée : *à quoi leur sert la diversité ?* Dans le contexte des universités, les « *avantages éducatifs* » dont parlait l'arrêt Bakke semblaient relever de l'évidence *. Mais si les entreprises affirment que la diversité leur est bénéfique, elles doivent pouvoir dire à leur tour quels avantages elles en attendent.

TROIS ARGUMENTS UTILITARISTES

La recherche en management va les y aider. Dès 1991, la diversité est présentée comme une source possible d'avantage concurrentiel [16]. Dix ans plus tard, dans un article important, Robin Ely et David Thomas [17] proposent un cadre conceptuel. Outre l'argument éthique de réparation des inégalités historiques, qu'ils baptisent « discrimination et justice », ils identifient deux arguments utilitaristes, deux raisons pour lesquelles les entreprises ont un intérêt – et non seulement une obligation morale – à promouvoir la diversité.

Le premier argument est le plus évident : l'entreprise gagne à ressembler à ses clients et à ses autres interlocuteurs. De la même manière que les forces de police doivent être ethniquement diverses pour être acceptées par la population, une banque de détail qui veut opérer dans des quartiers à majorité noire a tout intérêt à ce que certaines de ses chargées de clientèle soient noires. Elle y gagne « accès et légitimité ».

---

* Certaines études notent toutefois que cette « évidence » n'a guère été empiriquement vérifiée [15].

Pour logique qu'il soit, cet argument porte peu. Car au-delà des postes, généralement peu nombreux, qui sont en contact direct avec des minorités à l'extérieur de l'entreprise, l'argument « accès et légitimité » ne justifie pas qu'on promeuve les membres de ces minorités. À la lettre, il suggère même le contraire : partout où ses clients, ses partenaires ou ses régulateurs sont des hommes blancs, l'entreprise aurait intérêt, si l'on suit cette logique, à n'employer que des hommes blancs.

C'est là qu'intervient le second argument utilitariste d'Ely et Thomas. La diversité d'expériences et de perspectives qu'apportent des employés issus de cultures différentes, expliquent-ils, va permettre à l'entreprise d'innover, de s'adapter, de se remettre en question, bien mieux que quand elle est culturellement homogène. Une entreprise qui intègre des cultures différentes va apprendre plus efficacement. Ely et Thomas baptisent donc cet argument « intégration et apprentissage ». L'exemple qu'ils utilisent est celui d'un cabinet d'avocats qui, en diversifiant son recrutement pour accueillir des avocates de couleur, va faire évoluer le choix de ses clients et des affaires qu'il traite.

On reconnaît ici ce qui deviendra le pilier central de l'argumentaire économique pour la diversité. Parler « d'accès et de légitimité » est devenu rare, voire inconvenant, tant la quête d'accès a vite fait de se transformer en communautarisme ou en clientélisme. Le discours « intégration et apprentissage », en revanche, est entré dans le langage courant : la diversité est une richesse que l'entreprise doit exploiter, pour être plus innovante et pour éviter des erreurs. C'est cette logique qui conduira par exemple Christine Lagarde (et bien d'autres observateurs) à suggérer que plus de diversité dans le management des banques aurait permis d'éviter la crise financière de 2008.

Un troisième argument utilitariste viendra par la suite s'ajouter aux deux thèmes d'Ely et Thomas : la « guerre des talents »[18]. Pendant les très prospères années 1990, un nombre croissant d'entreprises souscrivent à une idée qu'elles auraient trouvée absurde vingt ans plus tôt : quand elles recrutent, elles ne sont pas en position de force. Elles doivent au contraire se battre pour attirer et retenir les salariés, pardon, les « talents ». Dans cette logique, une entreprise qui part à la conquête de la diversité peut espérer dénicher des « pépites » qui échappent à ses concurrents. Certaines poussent le raisonnement plus loin : lorsqu'il s'agit de départager deux candidats présentant des profils scolaires ou professionnels similaires, si l'un d'eux a dû surmonter, tout au long de son parcours, des préjugés et des discriminations, on peut légitimement supposer que ce dernier a développé des qualités personnelles supérieures à celles de l'individu que la naissance a avantagé. Privilégier les personnes que la société défavorise n'est donc pas une mesure de justice sociale, mais l'intérêt bien compris de l'entreprise. La notion de guerre des talents a conduit à des excès[19], et elle est quelque peu passée de mode, même si elle reste pertinente dans les métiers en tension. Mais une idée incontestable lui a survécu : on gagne toujours à élargir le vivier de talents dans lequel on recrute.

Quand les entreprises énumèrent les bénéfices attendus de la diversité, trois thèmes dominent donc : principalement, avoir de meilleures idées et prendre de meilleures décisions. Accessoirement, attirer et motiver plus de talents. Et, à la marge et pour certaines entreprises, se rapprocher de leurs marchés. Ce sont ces bénéfices que les entreprises s'efforcent de réaliser et que la recherche tente de mesurer – avec des résultats que nous allons examiner dans les chapitres qui suivent. En oubliant, la plupart du temps, que l'idée même d'une diversité profitable n'est, à l'origine, que le fruit d'un compromis difficilement négocié dans un tout autre contexte.

Historiquement, la première raison de s'ouvrir à des populations différentes n'est pas que la diversité est bénéfique. C'est que la justice le commande.

2

Y A-T-IL VRAIMENT UN *BUSINESS CASE* POUR LA DIVERSITÉ ?

Quelle que puisse être son histoire mouvementée, la diversité est désormais uniformément présentée par les entreprises sous un angle résolument pragmatique : la diversité, c'est bon pour les affaires ! C'est l'argument économique, ou, en bon franglais, le *business case* pour la diversité.

Apparemment, celui-ci ne fait plus de doute. Comme l'écrivait en 2019 le World Economic Forum, « les preuves du *business case* sont maintenant écrasantes [20] ». Catalyst, une ONG américaine en pointe sur le sujet, ne cite pas moins de 53 sources à l'appui de son énumération des bénéfices de la diversité. En plus des arguments déjà cités (créativité, prise de décision, talents, motivation), Catalyst note que la diversité améliore la réputation de l'entreprise et transforme sa culture, avec des impacts positifs sur les risques de fraude ou la prise en compte des exigences environnementales [21].

En fin de compte, et c'est bien le moins qu'on puisse attendre après une telle énumération, la diversité promet aux entreprises d'être plus rentables. Un argument sonnant et trébuchant : selon l'un des premiers rapports sur la question, signé du Crédit Suisse, « les entreprises comptant une ou plusieurs femmes au conseil d'administration ont des rendements des capitaux propres plus élevés, un endettement plus faible, une croissance plus rapide et des multiples plus élevés [22] ». Depuis, pratiquement tous les cabinets de conseil, d'audit et d'avocats ont publié leur analyse des bienfaits de la diversité. Les rapports les plus cités sont sans conteste ceux de McKinsey, mis à jour régulièrement depuis une dizaine d'années. En 2023, McKinsey estimait ainsi que les entreprises les plus diverses, comparées aux moins diverses, ont 39 % de chances de plus de surperformer financièrement, un écart qui ne cesse de s'accroître. Coïncidence, le chiffre est le même pour la diversité de genre et pour la diversité ethnique [23].

On retrouve des arguments similaires à l'échelon macroéconomique. La Banque mondiale estime que la réduction de l'écart hommes-femmes dans l'emploi et l'entrepreneuriat pourrait augmenter le PIB mondial de plus de 20 % [24], et que le « *gender gap* » au sens large se traduit par une perte de « capital humain » de 172 000 milliards de dollars, soit, excusez du peu, près de deux années de PIB mondial [25].

MALAISE DANS LA RECHERCHE

Pour les entreprises, donc, l'idée que la diversité améliore la performance semble acquise. Cet enthousiasme unanime explique sans doute le malaise des chercheurs qui étudient les effets de la diversité. Quand ils s'expriment sur le sujet, ils semblent parfois marcher sur des œufs. Alice Eagly, chercheuse à la Northwestern University et l'une des meilleures expertes du sujet, a par exemple intitulé l'un de ses articles : « Entre les défenseurs passionnés et la recherche sur la diversité, y a-t-il de la place pour un médiateur objectif[26] ? » Car le problème, on va le voir, est que les conclusions des chercheurs ne sont pas du tout les mêmes que celles des « défenseurs passionnés ». Essayons de les résumer.

La première objection au *business case*, qui devrait se suffire à elle-même, est une question de principe. Un argument économique n'est ni nécessaire pour faire ce qui est juste, ni suffisant pour faire ce qui ne l'est pas. Raisonnons par l'absurde : il serait avantageux de rejeter vos déchets polluants dans les rivières plutôt que de les traiter ; et votre production vous coûterait moins cher si vos sous-traitants exploitaient des enfants dans des pays lointains. Ces suggestions vous révulsent ? Tant mieux. Mais ce n'est pas parce qu'il n'existe pas de *business case* pour les défendre. C'est parce que le *business case* ne prime pas. L'opportunité économique s'efface derrière l'obligation éthique.

De la même façon, toute entreprise a l'obligation de traiter chaque personne de manière égale et de lui offrir les mêmes opportunités, indépendamment de son genre, de son orientation sexuelle, de sa religion ou de la couleur de sa peau. Les chances devraient être les mêmes pour tous. On en est loin : une étude récente de McKinsey souligne par exemple qu'en Europe, les personnes issues de minorités ethniques ont, à niveau d'éducation égal, une probabilité deux à trois fois supérieure d'être sans emploi [27]. Contribuer à remédier à de telles injustices n'est pas une question d'argent, mais d'éthique (et de respect de la loi).

Robin Ely et David Thomas, les deux pionniers déjà cités de la recherche sur la diversité, sous-titrent ainsi l'un de leurs articles récents : « Marre du *business case* ! » [28]. Et même les plus fervents défenseurs du *business case* expriment désormais une certaine réticence à le mettre en avant. L'ONG Catalyst écrit par exemple en 2020 : « Bien que Catalyst ait produit des rapports sur le *business case*, nous encourageons les entreprises à le dépasser… D'ailleurs, malgré tout [notre] travail depuis deux décennies, on dirait que ça ne suffit jamais : il reste toujours des gens pour demander des preuves supplémentaires [21]. »

Il en reste, en effet… car la deuxième objection au *business case* est empirique : les données accumulées ne démontrent absolument pas ce qu'on veut leur faire dire. Donnons une nouvelle fois la parole à Alice Eagly. Selon elle, les publications citées plus haut « ne seraient certainement pas publiables dans des revues académiques, étant donné la présentation élémentaire de leurs données. […] De telles études ne satisfont pas les normes des disciplines académiques pertinentes, qui sont l'économie et le management. Est-ce un problème important ? La réponse est oui, absolument ».

Snobisme intellectuel ? Corporatisme de chercheurs professionnels qui s'agacent de voir des amateurs marcher sur leurs plates-bandes ? Hélas, le problème est bien plus sérieux. Pour l'illustrer, il faut consulter la seule étude (à ma connaissance) qui ait tenté de « répliquer » les travaux les plus visibles en leur appliquant les normes de la recherche. Deux chercheurs américains, Jeremiah Green et John Hand, ont reproduit les analyses de McKinsey sur la diversité ethnique dans les entreprises de l'indice S&P 500. Leur article présente un tableau nettement plus détaillé. Il complète, par exemple, la comparaison que fait McKinsey entre le premier quartile de diversité (les entreprises les plus diverses) et le dernier quartile (les moins diverses). Certes, la probabilité de surperformance est un peu plus élevée dans le premier quartile que dans le dernier. Mais, sur cette mesure, les deux quartiles intermédiaires sont pires que le quatrième ! Ce n'est évidemment pas ce à quoi on s'attendrait si la performance était corrélée à la diversité. Et de fait, contrairement à McKinsey, les chercheurs ne trouvent aucune différence de performance statistiquement significative entre les entreprises les plus diverses et les moins diverses * [32].

À l'instar de Green et Hand, et à l'inverse de la pensée unique managériale, la masse des travaux de

---

* Il est important de noter que cette contradiction n'implique, de la part des auteurs de l'étude contestée, ni fraude, ni mauvaise foi, ni même une erreur manifeste. La « crise de la réplicabilité » qui touche les sciences depuis quelques années tient au fait que beaucoup d'études scientifiques, même publiées dans les meilleures revues, ne sont pas reproductibles par d'autres équipes. Comme l'affirme le titre d'un article de 2005, « la plupart des conclusions publiées sont fausses [29] » – et c'est tout aussi vrai en économie ou en médecine qu'en management ou en psychologie sociale. La cause principale de ce problème est que *les auteurs multiplient les analyses jusqu'à ce qu'ils trouvent la confirmation de*

recherche publiés dans des revues scientifiques ne trouve pas de lien entre diversité et performance. La question le plus sérieusement traitée est celle de la représentation des femmes dans les conseils d'administration, qui a le double avantage d'être ancienne et facile à mesurer. Une méta-analyse de 2015, compilant les résultats de 140 études, trouve une corrélation voisine de zéro entre mixité du *board* et performance financière[33]. Une autre méta-analyse, restreinte aux 20 études les plus solides méthodologiquement, conclut à un lien statistiquement non significatif[34]. Et comme le résume un troisième article de synthèse en 2018 : « Les résultats d'une multitude d'études examinant l'effet de la composition genrée du conseil d'administration sur la performance financière de l'entreprise sont globalement inconclusifs, avec des études différentes trouvant des effets positifs, négatifs ou nuls[35]. » Pour le dire plus simplement : on n'a rien trouvé, et ce n'est pas faute d'avoir cherché.

Ce qui est vrai de la composition des conseils d'administration l'est aussi des équipes de direction ou des PDG. Une méta-analyse de 2017, combinant les résultats de 146 études dans 33 pays, conclut qu'il existe bien un lien entre sexe du PDG et performance de l'entreprise. Les femmes PDG obtiennent de meilleurs résultats. Mais l'écart est infinitésimal : la présence d'une femme au sommet explique 0,005 % de la variance des performances. Même si la différence est

leur hypothèse. On parle alors de *p-hacking*, ou « piratage de la statistique *p* » (qui mesure la significativité d'une conclusion). Voir Yong (2018), Simmons *et al.* (2011)[30, 31].

(d'extrême justesse) statistiquement significative, elle est insignifiante en pratique [36].

UNE SURPRISE QUI N'EN EST PAS UNE

Le plus étonnant est que ces résultats sont, en réalité, presque des évidences. Il y a des décennies que les chercheurs se penchent sur les conseils d'administration et qu'ils cherchent à identifier les caractéristiques d'un conseil qui sont des facteurs de performance. Qu'ont-ils trouvé ? Pas grand-chose ! On parle souvent de la taille du conseil, de la part d'administrateurs considérés comme indépendants, de leur rémunération, ou encore de la dissociation des fonctions de président et de directeur général. Ces caractéristiques ne sont pas inutiles, bien sûr. Mais pas plus que la diversité de genre, aucune d'entre elles ne garantit, à elle seule, une meilleure performance.

Le problème de fond est simple : il est extraordinairement difficile d'isoler l'effet d'un facteur unique, quel qu'il soit, sur les résultats des entreprises. Les performances financières dépendent d'une multitude de choix stratégiques, opérationnels et humains, dans des environnements concurrentiels en constante transformation, au fil de conjonctures économiques fluctuantes et sous le regard de marchés boursiers capricieux. L'effet d'une variable isolée, comme la mixité du conseil ou le sexe du PDG, ne peut être qu'extraordinairement difficile à déceler. Comme le note la méta-analyse citée plus haut, il s'agit de « chercher par triangulation un signal faible au milieu de beaucoup de bruit [36] ».

CORRÉLATION N'EST PAS CAUSALITÉ

Il existe une autre raison, plus fondamentale encore, de douter des études sur le *business case*. Toutes les études sur le lien diversité-performance souffrent d'un problème structurel : ce sont des études *observationnelles*. Même si elles trouvaient, sur l'ensemble d'un échantillon ou dans une sous-population donnée, une corrélation entre diversité et performance, cette corrélation ne démontrerait pas de lien causal. Car, comme le répètent inlassablement les professeurs de statistiques, « corrélation n'est pas causalité ».

Les auteurs de ces études le savent. « Nous continuons à trouver une forte corrélation [entre diversité et performance, mais] nous ne tentons pas d'en déduire une causalité », écrit ainsi McKinsey [23]. Ces précautions oratoires ne résistent toutefois pas longtemps. Dans une interview télévisée, la coautrice de cette étude annonce ainsi : « Ce que nos données montrent, c'est que les entreprises qui ont des équipes de direction plus diversifiées sont plus prospères », et parle de la diversité comme d'« un impératif business qui permet d'obtenir de véritables résultats [37] ». Un auditeur inattentif pourrait croire que ces propos suggèrent un lien causal…

Il est possible, bien sûr, que la diversité soit, par divers mécanismes, un facteur causal de la performance. Mais il existe plusieurs autres interprétations possibles d'une corrélation statistique, dont au moins deux sont plausibles ici.

La Figure 1 illustre ces autres interprétations. D'une part, la causalité peut être inversée. Il est possible que les entreprises les plus performantes soient les plus promptes à adopter des politiques favorables à la diversité. Une étude du gestionnaire d'actifs BlackRock observe par exemple que les entreprises qui offrent les congés maternité les plus généreux ont, en moyenne, un rendement des actifs supérieur de 1,07 point. Elle en conclut qu'« investir dans des entreprises dont la culture est plus favorable aux femmes peut contribuer à améliorer les performances[38] ». Mais on pourrait tout aussi bien supposer que ce sont les entreprises les plus rentables qui peuvent se permettre des politiques plus généreuses. La diversité peut certes être la cause des bons résultats, mais elle peut aussi être l'un de leurs effets.

Figure 1 : Interprétations d'une éventuelle corrélation entre diversité et performance

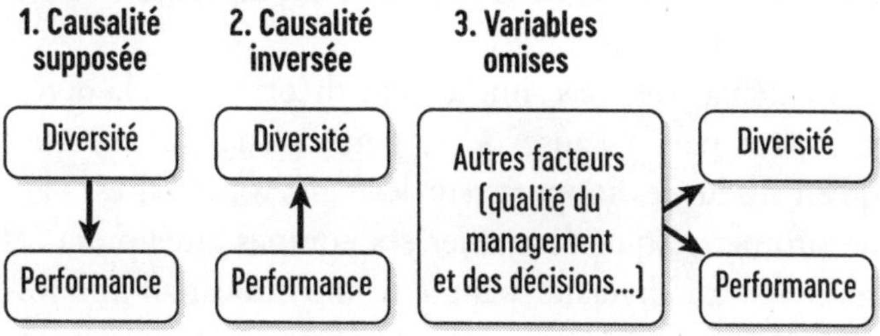

D'autre part, il peut exister des facteurs communs qui affectent simultanément les deux variables corrélées. On parle, pour désigner ces facteurs non pris en compte dans l'analyse, de *variables omises*. Ici, la qualité du management et des procédures de décision, par exemple, pourrait conduire à plus de diversité dans les recrutements et les promotions, en même temps qu'à une meilleure performance générale.

Ces explications alternatives trouvent un appui inattendu dans des données fournies par McKinsey[23]. Les consultants soulignent qu'une plus grande présence des femmes et des minorités ethniques dans le management est associée non seulement à des performances économiques supérieures, mais aussi à des scores plus élevés sur une foule d'autres indicateurs, allant de l'activité philanthropique à la stratégie climatique. S'il y a une causalité derrière ces corrélations, quelle est-elle ? Doit-on en conclure que la diversité ethnique et de genre rend les entreprises plus philanthropes et leur apporte des compétences particulières en matière climatique ? N'est-il pas plus plausible que les entreprises les plus performantes *en général* soient plus philanthropes ; et qu'elles soient en pointe sur tous les sujets sociétaux, qu'on parle d'inclusion ou de responsabilité environnementale ?

Le débat n'est pas simplement théorique. Si la diversité n'est pas la cause de la performance, alors, quoi qu'en disent les rapports sur le *business case*, il est vain de promettre que diversifier ses équipes améliorera les résultats. La diversité peut être un indicateur intéressant, comme la hauteur du mercure dans le thermomètre est un indicateur de la température. Mais si le lien de causalité n'est pas celui qu'on suppose, cultiver la diversité ne changera rien à la performance. Secouer le thermomètre ne fait pas monter la température.

Que conclure de ce tour d'horizon ? Essentiellement, que la question du *business case* n'est pas la bonne. Peu importe, au fond, que la diversité soit, en général, bonne pour les résultats ou non. La question est de savoir *ce qu'il faut faire pour qu'elle le soit.* Si l'on part du principe que la diversité est une obligation éthique, alors il faut la faire progresser. Et rien n'interdit de se demander comment faire pour qu'elle apporte, en plus, des avantages. Mais pour cela, il faut d'abord renoncer à l'illusion dangereuse que la diversité est une formule magique dont les bénéfices se matérialisent spontanément.

Rien n'indique que la diversité soit nécessairement « bonne pour le business ». Pour qu'elle le soit, il faut en créer les conditions.

3

NOS DIFFÉRENCES NOUS RENDENT-ELLES PLUS INTELLIGENTS ?

Admettons qu'il soit difficile de démontrer un *business case* pour la diversité à l'échelle de l'entreprise, puisqu'une multitude d'autres facteurs influencent le résultat global. Là où l'impact de la diversité devrait apparaître de manière éclatante, c'est à l'échelle d'une équipe. Pour résoudre des problèmes, être créatif et dépasser ses concurrents, il faut « penser différent », comme le disait la célèbre publicité d'Apple. Et pour éviter les ravages de la pensée unique, rien de tel que d'inclure des individus différents. Ainsi, la diversité rendrait les équipes plus performantes.

Cet argument est sans doute celui que les entreprises utilisent le plus souvent. « Notre agilité repose sur la diversité de nos collaborateurs », écrit une multinationale française. « Ce n'est pas un mantra, mais un fait avéré : accueillir des profils diversifiés est un gage d'efficacité, de créativité et d'innovation », clame une grande banque. Le Boston Consulting Group affirme même que les sociétés les plus diverses tirent de l'innovation une part plus importante de leur chiffre d'affaires [39].

LA VALEUR DES DIFFÉRENCES

La philosophie nous enseigne la valeur de la pluralité des idées et de la délibération. Mais même sans invoquer le théorème du jury de Condorcet [40] ou les vertus de la confrontation des idées selon John Stuart Mill [41], l'idée que la diversité est bénéfique semble intuitivement évidente. Peut-être avez-vous vous-même participé à une de ces formations où l'on simule la résolution d'un problème, comme le choix, par un groupe de naufragés, des objets à emporter sur leur canot de sauvetage. Vous aurez alors pu constater par vous-même que les connaissances des unes et des autres se complètent utilement.

La diversité semble particulièrement bénéfique en matière de créativité. Les sociétés de cosmétiques comprennent qu'il leur faut des équipes multiculturelles pour penser des produits adaptés aux besoins de différentes régions du monde. C'est un ancien ingénieur de la NASA, pas un professionnel de la chaussure de sport, qui a proposé à Nike d'incorporer des poches d'air aux semelles, une idée à l'origine de la gamme Nike Air. Même les collaborations scientifiques qui rassemblent des auteurs divers en âge, genre et ethnicité sont plus innovantes, si l'on en juge par le nombre de citations qu'elles obtiennent [42-44].

Dans la recherche récente, l'un des théoriciens les plus cités sur les avantages de la diversité est le sociologue américain Scott Page, qui lui a consacré de nombreux articles et plusieurs livres[45, 46]. En ce qui concerne la résolution de problèmes, sa démonstration repose sur l'analogie de la boîte à outils : deux personnes différentes ne sont pas « plus » ou « moins » compétentes, elles ont des outils différents. De même qu'on résout plus de problèmes avec un marteau et un tournevis qu'avec deux marteaux, des connaissances complémentaires et des manières différentes de raisonner produisent un tout plus grand que la somme des parties[47]. En ce qui concerne les prévisions et les estimations, Page fait appel aux statistiques : dans un modèle prédictif, la diversité des prédicteurs (leur absence de corrélation entre eux) compte plus que la qualité de chaque prédicteur (sa corrélation avec ce qu'on cherche à prédire)[48, 49]. Page s'appuie sur ces raisonnements pour énoncer un *théorème de la diversité* qu'il présente comme aussi incontestable que celui de Pythagore : *la diversité est plus importante que la compétence*, du moins quand quelques conditions, assez générales, sont remplies *[47].

* En simplifiant, les quatre conditions de Page sont les suivantes : le problème doit être non trivial, tous les individus doivent être raisonnablement compétents, il doit y avoir à tout moment au moins un individu qui peut trouver une meilleure idée que le statu quo, et les équipes doivent être suffisamment nombreuses pour comprendre assez de diversité. Par ailleurs, un raisonnement distinct, antérieur à celui de Page, plaide également en faveur de la diversité pour réaliser des prévisions et des estimations : la moyenne d'un grand nombre de prévisions non corrélées entre elles est plus juste que la prévision d'un individu. Cette « sagesse des foules » est une simple réduction de l'erreur aléatoire,

LES LIMITES D'UNE THÉORIE

L'analyse de Scott Page nous montre par quels mécanismes la diversité produit les bénéfices que nous percevons intuitivement. Par la même occasion, elle met en évidence les conditions qui doivent être réunies pour que ce soit le cas. Or celles-ci soulèvent au moins trois problèmes.

Le premier problème est que l'analyse concerne la diversité *cognitive*, celle des connaissances, des perspectives, des manières de penser. Or la diversité dont on parle généralement, c'est la diversité *identitaire* (ou démographique) : la variété des genres, des origines, des appartenances ethniques, des orientations sexuelles, des parcours de carrière, etc. L'essentiel de la littérature managériale sur la diversité fait l'amalgame entre diversité des idées et diversité des parcours de vie. Page fait lui-même ce raccourci, en affirmant qu'on peut considérer la diversité identitaire comme une bonne approximation de la diversité cognitive.

Une fois mis en lumière, l'amalgame choque par ce qu'il implique d'essentialisme. Il existe, bien sûr, des sujets politiques ou sociétaux qui polarisent en fonction du genre ou de l'origine ethnique. Mais on peine à comprendre pourquoi, quand il s'agit de faire une prévision de ventes, les femmes penseraient forcément différemment des hommes, ou pourquoi des ingénieurs noirs résoudraient un problème technique différemment de leurs collègues blancs. Les chercheurs

---

et non, comme dans la thèse de Page, une mise en commun des informations [50-52].

Stephanie De Oliveira et Richard Nisbett ont étudié empiriquement cette question : sur une série de jugements factuels, ils ont constaté que l'âge, le sexe, l'origine ethnique ou la religion ne sont que très faiblement corrélés avec les réponses [53]. En d'autres termes, la diversité des profils démographiques ne garantit nullement la variété des opinions.

Le deuxième problème que soulèvent les analyses de Page est qu'elles postulent implicitement un mode de décision bien particulier : pour résoudre les problèmes, des équipes sans hiérarchie ; pour faire des prévisions, des groupes d'individus qui font des estimations séparées et pèsent tous du même poids dans la décision finale. Au sein de ces équipes, chacun s'exprime librement, toutes les suggestions sont évaluées objectivement, et les meilleures idées triomphent. Dans ce monde idéal, donc, il n'y a pas de supérieure hiérarchique tentée d'imposer ses idées, ni de courtisans pressés de les approuver. Il n'y a pas de *groupthink*, cette tendance des groupes à faire émerger un consensus parfois erroné [54]. Il n'y a pas d'enjeux de pouvoir ni de réputation, donc pas de jeux politiques. Personne n'use de flatteries, ne bâtit d'alliances, ni ne travestit la réalité pour faire triompher ses vues.

Cette concurrence pure et parfaite entre des idées détachées des individus qui les émettent est une construction théorique. En réalité, les personnes qui expriment des opinions dans une entreprise ne sont pas de purs esprits. Elles ont des émotions à gérer, des intérêts à défendre et des statuts à faire valoir. Ces motivations les conduisent à des comportements bien différents de ceux que postule Page.

Troisième problème, enfin : même si l'on fait abstraction des enjeux de pouvoir, pour qu'une saine concurrence entre des idées diverses débouche sur le choix de la meilleure idée, il faut que leur qualité puisse être évaluée en temps réel. C'est le cas dans les simulations du type « canot de sauvetage » : s'il vous semblait a priori inutile d'emporter avec vous un miroir, et si une collègue remarque que c'est un excellent moyen d'attirer l'attention d'un bateau ou d'un avion qui passe au loin, vous pouvez convenir immédiatement que votre collègue a raison.

Certains problèmes réels sont conformes à ce modèle – par exemple, des problèmes techniques dans une équipe de développement de produits. Mais quand on anticipe les réactions du marché au produit qu'on va lancer, ou quand on énumère les avantages et les risques qu'on attend d'un changement d'organisation, il est rare qu'on puisse apporter des arguments irréfutables. Plus on décide dans l'incertitude, et plus on peut s'attendre à ce que la décision soit prise sur des intuitions, plutôt que par une évaluation factuelle. En anglais, un acronyme sarcastique résume ce mode de prise de décision : HIPPO, pour *highest-paid person's opinion*, l'opinion de la personne la mieux payée…

LES TROIS VISAGES DE LA DIVERSITÉ

Pour toutes ces raisons, il n'est nullement garanti que la diversité démographique contribue à celle des idées. Mais ce n'est pas tout. Car quand un groupe devient plus divers, la diversité cognitive, c'est-à-dire la *variété* des idées et des perspectives, n'est pas la seule conséquence. Deux autres effets, nettement moins positifs, se produisent *.

D'abord, la diversité crée des *clivages* autour des différences de croyances, de valeurs et d'attitudes [56-58]. Peut-être avez-vous un collaborateur dont la désinvolture au travail vous insupporte (et qui, de son côté, vous tient pour un triste spécimen de bon petit soldat *corporate*). Peut-être certaines activités de votre entreprise soulèvent-elle à vos yeux de graves problèmes éthiques, sans pour autant perturber vos collègues du comité de direction. Peut-être même votre voisine de bureau milite-t-elle ouvertement dans un parti politique dont les positions vous révulsent. La diversité, ce n'est pas seulement une variété d'idées créatives pour résoudre les problèmes communs dans l'harmonie et la bonne humeur ! Ce sont aussi des divergences profondes, des clivages de valeurs, dont les ressorts sont plus affectifs que cognitifs. Les tensions que créent ces clivages ne se résolvent pas par un échange dépassionné de perspectives. Et elles ne facilitent évidemment pas le dialogue constructif sur d'autres sujets.

En plus des clivages, la théorie des organisations identifie une autre conséquence de la diversité, qui tient à la disparité des statuts, formels ou non, entre individus : résumons-les sous le nom d'*inégalité* [58]. Au sein d'un groupe, une personne peut être perçue comme

* Le lecteur intéressé par les perspectives théoriques qui sous-tendent ces distinctions pourra se reporter aux théories de la catégorisation sociale et de l'homophilie (ou attraction-similarité) [55]. D'autres auteurs contrastent les avantages *épistémiques* et les inconvénients *interactionnels* de la diversité [56].

ayant un statut inférieur pour diverses raisons : sa position hiérarchique, son ancienneté, sa compétence réelle ou supposée, mais aussi les stéréotypes qui s'attachent à son identité (de genre, d'origine, d'âge...). Bien souvent, ces inégalités de statut conduiront cette personne à être moins écoutée, moins crue, plus souvent interrompue ou contredite [59]. Ces comportements l'amèneront parfois à s'autocensurer, et ce d'autant plus souvent que ses perspectives contrediront les individus à statut élevé. Autrement dit, c'est précisément quand le groupe aurait eu grand besoin de diversité-*variété* que la diversité-*inégalité* en empêchera l'expression.

La Figure 2 schématise ces trois effets – l'un positif, les deux autres négatifs. Quand on les additionne, que se passe-t-il ? Si on maximise le premier effet en réduisant les deux autres, on doit constater un effet net positif. Justement, les études qui vantent les mérites de la diversité dans les groupes de travail sont celles qui créent ces conditions optimales. Une étude de 2013 observe par exemple des étudiants travaillant sur un projet entrepreneurial, et conclut que les équipes proches de la mixité parfaite obtiennent de meilleurs résultats que celles dominées par les hommes. Formidable ! Mais un groupe d'étudiants qui travaille ensemble pendant quelques mois est déjà homogène par l'âge, la formation, et bien d'autres aspects. Sans clivages de valeurs, ni inégalités de statut, la « bonne » diversité, celle des idées, peut ainsi produire ses effets, sans être compensée par la « mauvaise » * [60].

* L'étude en question présente d'autres faiblesses : elle repose sur un petit échantillon (43 équipes, dont 13 mixtes), ses résultats sont fortement influencés par quelques cas extrêmes, et ses auteurs

Figure 2 : Diversité et performance des équipes

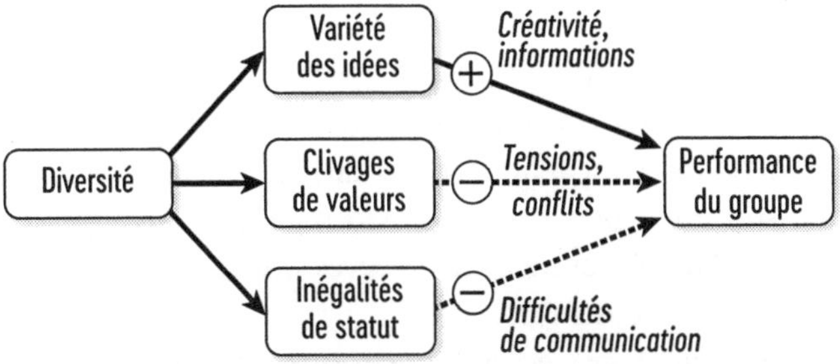

D'après Klein et Harrison (2007)[58] ; Carter et Phillips (2017)[57]

Il est rare, dans le monde réel, que les effets négatifs puissent être neutralisés aussi efficacement que dans les études expérimentales. C'est pourquoi, à l'encontre des clichés, la littérature scientifique ne démontre pas que la diversité améliore la performance des équipes. Ce n'est pas faute d'avoir énergiquement cherché à valider une hypothèse politiquement et intellectuellement séduisante. Dans l'ensemble, comme le résume une méta-analyse de 2011, « les chercheurs restent perplexes devant le peu de preuves méta-analytiques d'une relation entre la diversité démographique et les performances d'équipe, malgré l'attrait théorique de cette relation[61] ».

Examinons un instant ce « peu de preuves ». Une étude de 2012, combinant 146 articles et 612 échantillons différents, conclut que la diversité démographique a, dans l'ensemble, un effet très faible, mais

---

admettent qu'ils ne sont pas parvenus à identifier le mécanisme par lequel la mixité produit ses effets supposés.

négatif, sur la performance [62]. Une méta-analyse de 2021, couvrant la performance de 24 000 équipes, parvient à des conclusions tout aussi mitigées [63], qui confirment celles d'autres revues et méta-analyses plus anciennes [55, 64-66]. En ce qui concerne plus spécifiquement la diversité *culturelle*, une méta-analyse de 2010 conclut, elle aussi, que son effet global sur la performance des équipes est nul [67]. Une telle absence de preuves finit par ressembler à une preuve d'absence…

D'où vient cet écart tenace entre ce que les chercheurs souhaiteraient conclure et ce que leurs études empiriques démontrent, écart que certains auteurs appellent *diversity gap* [56] ? De la combinaison entre les effets positifs et négatifs de la diversité. « La diversité crée des divisions sociales qui entraînent des résultats négatifs pour le groupe », résument les autrices d'un autre article de synthèse [68]. Ses avantages *cognitifs* (variété des idées) ne sont donc pas toujours suffisants pour compenser ses inconvénients *interpersonnels* (clivages et inégalités).

L'intérêt de cette analyse est qu'elle ouvre immédiatement des pistes de solution : tout ce qui maximise la variété des idées est bon, à condition de réduire en même temps les clivages et les inégalités. Ce n'est pas automatique, mais, nous y reviendrons, ce n'est pas impossible non plus.

À elle seule, la diversité des équipes ne les rend ni meilleures, ni plus créatives. Pour que ce soit le cas, il faudra changer en profondeur leur manière de travailler.

4

SI LEHMAN BROTHERS AVAIT ÉTÉ LEHMAN SISTERS, SERAIT-ELLE ENCORE LÀ ?

« Si Lehman Brothers avait été "Lehman Sisters", la situation des banques en 2008 aurait été bien différente. » La formule désormais célèbre de Christine Lagarde ne dénonce pas seulement l'arrogance de dirigeants qui surestimaient leurs talents. Elle vise plus précisément un trait présumé masculin : l'appétence pour le risque en général, et les risques inconsidérés en particulier. La thèse « Lehman Sisters » conduit à une conclusion simple, fréquemment citée à l'appui du *business case* pour la diversité : si nous remplaçons les hommes par des femmes (ou, à tout le moins, si nous rééquilibrons les comités exécutifs), nous aurons des entreprises mieux gérées.

L'idée que les hommes prennent plus de risques que les femmes fait écho à un stéréotype bien ancré : les garçons sont bagarreurs et téméraires, les filles sages et prudentes. À lire les nombreuses études consacrées à ce sujet, il semble que le stéréotype ne soit pas sans fondement. Une méta-analyse couvrant toutes sortes de risques, depuis les simulations de jeux d'argent jusqu'au fait de fumer ou d'avoir des rapports sexuels non protégés, constate que les hommes prennent presque systématiquement plus de risques que les femmes[69]. Et les conséquences de ces différences de comportement sont très tangibles : le taux de mortalité par accident chez les hommes est le double de celui des femmes[70].

Plus près de la vie des affaires, on retrouve de manière constante des différences sensibles dans les choix d'investissement, où les choix des femmes témoignent d'une plus forte aversion au risque[71, 72]. Une analyse portant sur les choix de 2 000 personnes démontre par exemple que les femmes, quand elles choisissent des fonds communs de placement, sélectionnent plus de fonds monétaires et d'obligations, et moins de fonds actions[73].

De là à expliquer la crise de 2008 par une overdose de testostérone, il n'y a qu'un pas – allègrement franchi non seulement par Christine Lagarde, mais par nombre d'experts. Un professeur de neurosciences à Cambridge déclarait ainsi que « ce qui a provoqué la crise bancaire, c'est ce qu'aucune société n'autorise jamais : laisser des hommes jeunes se comporter de manière non régulée. [...] Quiconque a étudié la neurobiologie aurait vu venir le désastre[74] ». On se demande pourquoi tous les neurobiologistes n'ont pas fait fortune en 2008 en pariant sur la baisse des marchés !

PLUS DE RISQUES, MAIS LESQUELS ?

En réalité, les jugements généraux sur l'appétit pour le risque des hommes et des femmes doivent être sérieusement nuancés. D'abord, la conclusion dépend du choix des questions sur lesquelles on mesure l'appétit pour le risque. Beaucoup d'études se concentrent sur des comportements masculins : « Sexe, drogues et conduite imprudente », comme le note le titre d'un article scientifique de 2018 [75]. Quand on utilise des questions portant sur des comportements à risque stéréotypiquement féminins (monter à cheval sans bombe, avoir recours à la chirurgie esthétique, suivre un régime extrême pour perdre du poids, etc.), les différences entre les sexes s'atténuent ou s'inversent.

Un autre problème méthodologique complique la lecture des résultats. La grande majorité des études sur la prise de risque prennent pour sujets des étudiants (ou, plus rarement, des particuliers qui gèrent leurs finances personnelles). Or nos décisions personnelles et celles que nous prenons au bureau ne sont pas prises de la même manière ni guidées par les mêmes considérations. Dans une revue de la littérature scientifique sur la prise de risque, les économistes Rachel Croson et Uri Gneezy parlent des managers comme d'une « exception à la règle » : citant des études réalisées auprès de gestionnaires de fonds, de propriétaires de PME et d'entrepreneurs, ils notent que les différences de prise de risque entre hommes et femmes sont nettement moins importantes, voire inexistantes [76].

LES MANAGEUSES PRENNENT AUSSI DES RISQUES

Autrement dit, quand on observe leurs décisions professionnelles dans des environnements comparables,

les femmes et les hommes ne se comportent pas très différemment [77]. D'ailleurs, l'invention par la banque JP Morgan des *credit default swaps*, ces instruments financiers qui ont joué un rôle critique dans la crise de 2008, est attribuée à une femme, Blythe Masters. Et la directrice financière de Lehman Brothers en 2007-2008 était une autre femme, Erin Callan. Lehman Brothers n'était certes pas Lehman Sisters, mais les trop rares *sisters* qui travaillent dans les banques ne se comportent pas très différemment de leurs *brothers* [78].

Surprenant à première vue, ce constat a plusieurs explications possibles. D'abord, il reflète ce qu'on appelle un *biais de sélection*. Relativement peu nombreuses, les femmes qui travaillent dans la finance ne sont pas là par hasard. Il est tout à fait plausible que celles qui choisissent cette carrière soient justement celles dont l'appétit pour le risque est le plus élevé.

Ensuite, les femmes managers peuvent modifier leur comportement pour se conformer à l'environnement dans lequel elles évoluent. Une étude récente a constaté expérimentalement que des femmes prennent plus de risques lorsqu'il y a des hommes dans la pièce que quand elles sont seules, tandis que les choix des hommes ne sont pas affectés par le genre des personnes qui les entourent [79].

Enfin et surtout, une fois parvenues à des postes de responsabilités, les femmes ne décident pas seules. La prise de risque d'une banque (ou d'une autre entreprise) n'est pas un goût personnel. Ce ne sont pas seulement les tempéraments des individus qui déterminent le niveau de risque, mais surtout les préférences collectives de l'organisation et ses choix stratégiques.

DES STRATÈGES PLUS PRUDENTES ?

Cette dernière observation conduit à une formulation légèrement différente de l'argument « Lehman Sisters » : les choix stratégiques pourraient être plus sages s'ils étaient faits par des femmes. La féminisation des organes de direction n'agirait pas immédiatement sur la qualité des décisions, mais plus indirectement sur les stratégies et la culture des entreprises. Cette thèse fut incarnée de manière éclatante par Halla Tómasdóttir et Kristín Pétursdóttir, fondatrices d'Auður Capital, une institution financière islandaise. À en croire les deux banquières, c'est parce qu'elles se sentaient « écrasées par la testostérone » et parce qu'elles étaient fatiguées d'un « manque de diversité qui conduit à des problèmes désastreux » qu'elles choisirent « d'incorporer des valeurs féminines dans le monde de la finance [80] ». Créée peu avant la crise de 2008, Auður Capital démontra en effet sa résilience durant une épreuve qui mit à mal le système financier islandais de manière particulièrement sévère. Halla Tómasdóttir y gagna une belle popularité : en 2024, elle a été élue présidente de son pays *.

De manière générale, la féminisation du management des banques les rend-elle plus prudentes ? Certes, entre 2008 et 2018, le nombre de femmes administratrices dans les plus grandes banques européennes a doublé ; et ces mêmes banques ont simultanément réduit leur exposition au risque. On trouve

* Quant à Auður Capital, l'entreprise avait disparu en 2013, rachetée par un de ses concurrents.

bien une corrélation entre la féminisation des conseils d'administration, la moindre prise de risque des banques, et leur performance boursière [81]. Mais comme nous l'avons vu, et comme le souligne lui-même l'auteur de cette analyse, corrélation ne vaut pas explication. Cette corrélation-ci est même particulièrement suspecte. Les banques européennes ont subi une forte pression sociale (et parfois légale) pour féminiser leurs conseils d'administration, au même moment où elles se voyaient imposer de nouvelles règles prudentielles pour encadrer leur prise de risque. Il est donc fort probable que la corrélation observée ne reflète que la concomitance de deux évolutions indépendantes l'une de l'autre.

La question plus générale qui se pose est la suivante : la féminisation des organes de direction d'une entreprise conduit-elle à une moindre prise de risque ? En dépit d'une accumulation considérable d'études sur le sujet, rien n'est moins sûr [35, 82]. Certaines études suggèrent bien qu'avoir une femme PDG ou un nombre important d'administratrices conduit les entreprises à prendre moins de risques [83, 84]. Mais d'autres aboutissent à la conclusion exactement inverse : les femmes administratrices auraient une *plus grande* appétence pour le risque que les hommes [85], et les femmes PDG prendraient *plus* de risques [86]. D'autres études encore concluent qu'il n'existe aucun lien statistique entre féminisation du *board* et prise de risque [87]. Et si l'on s'intéresse plus particulièrement aux banques, le résultat est tout aussi ambigu : certaines études concluent que les femmes font preuve de plus de prudence [88], et d'autres qu'elles prennent autant, voire plus de risques [78, 89]. En somme, il est possible que les femmes dirigeantes soient plus prudentes que les hommes, mais il semble plus probable qu'il n'y ait en réalité aucun lien entre le genre et la prise de risque managériale *.

UNE MAUVAISE QUESTION ?

Sur cette incertitude se greffe un problème plus fondamental : la question est, en réalité, mal posée. Car prendre des risques n'est pas une faute, et les refuser n'est pas une qualité ! Bien sûr, une prise de risque excessive crée des problèmes considérables *quand ceux qui prennent les risques n'en subissent pas les conséquences.* C'est le problème des banques qui mettent en péril l'ensemble du système financier quand elles sont « *too big to fail* » (trop grosses pour qu'on les laisse faire faillite). Mais le cas des banques est, à cet égard, très particulier. Il ne serait pas forcément vertueux, par exemple, que les sociétés de capital-risque qui financent des start-up réduisent toutes leur appétit pour le risque.

Qui plus est, dès lors qu'on considère que certaines institutions financières présentent un risque systémique, il semble pour le moins insuffisant de les inciter

* Le pattern de résultats observé ici est celui qu'on peut s'attendre à trouver quand un grand nombre d'études cherchent à mesurer un effet en réalité inexistant : des études trouvant des effets de taille modeste dans les deux sens encadrent quelques résultats qui ne trouvent aucun effet. Ces derniers résultats, dits « négatifs » (absence d'effet), ne sont souvent pas publiés (on parle de *biais de publication*), et ne le sont que parce qu'ils contredisent la thèse des précédentes études.

poliment à se choisir des dirigeant(e)s au tempérament plus prudent. Il incombe évidemment aux régulateurs et aux banques centrales de limiter les risques que prennent ces acteurs. C'est précisément ce qu'ils ont fait en introduisant depuis quinze ans une série de nouvelles dispositions réglementaires. De la même manière, il arrive hélas qu'un trader fou mette en danger l'institution financière qui l'emploie, mais la réponse à ce problème n'est pas de recruter des traders timides. C'est d'encadrer strictement les risques qu'ils prennent.

Résumons. D'une part, en dépit du cliché très répandu sur l'appétence masculine pour le risque, les études disponibles ne montrent pas de manière claire que les femmes, lorsqu'elles sont à la tête des entreprises, prennent moins de risques que les hommes. D'autre part, même si ces études concluaient à une moindre prise de risque féminine, ce ne serait pas forcément une bonne chose.

Plutôt que d'opposer à l'irresponsabilité masculine une prudence féminine qui n'est en rien démontrée, il vaudrait donc mieux donner sa juste place à une compétence essentielle pour toutes les entreprises : la gestion du risque. Gérer les risques, c'est – entre autres – définir explicitement les risques qu'on veut prendre et ceux qu'on veut éviter, mettre en place des outils pour piloter ces risques, former les opérateurs à les comprendre et à les utiliser sans naïveté, et aligner leurs incitations pour éviter les asymétries dangereuses. Alors, on constatera des comportements nouveaux… Car, comme le note une enquête sur la crise de 2008, « avant le krach, personne ne voulait d'un trader, homme ou femme, qui n'ait pas un grand appétit pour le risque[74] ». N'est-ce pas plutôt cela, le problème ?

Qu'on parle de prise de risque, de travail d'équipe, ou plus généralement des arguments censés étayer un *business case*, la diversité n'est donc pas ce que l'on croit. Ces mythes et ces malentendus ne sont pas anodins. Ils contribuent, comme nous allons le voir, à ce que les organisations poursuivent leurs objectifs de diversité par des moyens inefficaces, voire contre-productifs.

Si votre entreprise a un problème de gestion des risques, ce n'est pas un peu plus de diversité qui va le résoudre.

II

Cinq erreurs dans la quête de diversité

La traque des biais implicites – La « déconstruction » des stéréotypes – L'encouragement à briser les stéréotypes, au risque du *backlash* – Le discours « instrumental » – Le grand espoir des quotas

5

LA TRAQUE DES BIAIS IMPLICITES

Ce matin-là, vous étiez convoquée à une journée de formation organisée par votre entreprise dans le cadre de son programme de promotion de la diversité. Vous ne saviez pas à quoi vous attendre, mais la sympathique animatrice qui vous a accueillie vous l'a vite expliqué : il s'agissait de travailler sur vos *biais implicites*, ces biais dont vous n'avez pas conscience, mais qui influent sur la manière dont vous percevez et traitez les personnes qui ne vous ressemblent pas.

Comme ces biais sont, par définition, inconscients, on vous a proposé, pour en prendre conscience, un test d'autoévaluation, le *test d'association implicite* (IAT). Visiblement, c'était un test sérieux, abrité par le site web de l'université Harvard. Il consistait à associer rapidement des mots ou des images avec des catégories comme « bon » ou « mauvais », « homme » ou « femme ». Facile au départ, l'exercice vous a demandé une certaine concentration. À mesure que vous répondiez, le test mesurait vos temps de réaction, et les utilisait pour calculer votre score. Surprise : ce score vous a révélé que, vous aussi, vous associez plus rapidement les termes positifs à des visages blancs ou masculins qu'à des visages noirs ou féminins. Et vous qui pensiez être une manageuse éclairée, sans préjugés racistes ni sexistes ! Le test, pourtant, est sans appel. Comme un détecteur de mensonges, il vous révèle la vérité tapie dans les obscures profondeurs de votre subconscient : vous aussi, vous êtes biaisée. Et vous n'êtes pas la seule. À tour de rôle, vos collègues font part de la surprise, de l'émotion et même de la honte que leur inspire leur résultat. Vous saviez que votre entreprise n'était pas parfaite, mais vous ne pensiez pas que vous faisiez partie du problème !

Heureusement, vous avez vite découvert que vous pouviez aussi faire partie de la solution. Car l'animatrice, toujours positive, vous a invitée à travailler sur vos comportements managériaux. Au travers d'études de cas et de jeux de rôles, vous avez identifié les effets néfastes de vos biais implicites. Dans cette réunion d'équipe, donnez-vous moins souvent la parole à certaines personnes qu'à d'autres ? Dans cet entretien de retour de congé maternité, faites-vous des suppositions sans fondement sur la disponibilité et la motivation de votre collaboratrice ? Chaque fois que c'était le cas, bien sûr, on vous a expliqué comment être plus « inclusive ». Et pour conclure, vous avez élaboré un « plan d'action personnel » où vous vous êtes engagée à réduire l'impact de vos biais dans vos interactions en adoptant au quotidien ces comportements d'inclusion.

Toutes les formations à la diversité ne suivent pas exactement ce schéma. Certaines sont moins ambitieuses, et se réduisent à une conférence de « sensibilisation », voire à quelques vidéos à regarder à ses moments perdus. Mais sous une forme ou sous une autre, il y a peu de chances que vous échappiez longtemps à une formation aux biais implicites. Car ces formations sont le principal pilier de beaucoup de programmes de diversité. La quasi-totalité des 500 plus grandes entreprises américaines et la majorité des entreprises intermédiaires en utilisent, pour la plupart depuis des décennies, et pour un budget estimé à plus de 7 milliards de dollars en 2020 [90-92]. En France, il n'existe pas de statistiques précises, mais l'offre de formation suggère que les entreprises sont nombreuses à suivre l'exemple américain.

DES EFFETS DOUTEUX

Ce succès serait remarquable pour n'importe quel type de formation. Ce qui rend celui-ci particulièrement spectaculaire, c'est qu'il n'existe aucune preuve concrète que ces formations produisent les résultats attendus. Peu d'études ont sérieusement mesuré leurs effets ; la plupart de ces études indiquent des résultats nuls ; et quelques-unes affirment même que ces formations sont contre-productives [93] !

Le monde de la recherche a sa part de responsabilité dans cet état de fait. La grande majorité de la littérature scientifique s'attache plus à comprendre et à dénoncer les discriminations qu'à les combattre. Sur tous les articles sur la diversité publiés dans les principales revues entre le début du siècle et 2023, combien identifient des interventions pratiques que les organisations peuvent appliquer ? Moins de 5 % [94] ! Et même quand des interventions sont identifiées, la mesure de leur efficacité reste l'exception. Une revue de littérature parue en 2022 a recensé 7 832 articles traitant d'équité ou de discrimination entre les sexes. Combien mentionnaient des résultats quantitativement mesurables ? Quarante-deux, soit moins de 1 % *[95]. Les autrices d'une autre revue de littérature ne cachent pas leur consternation : « En examinant des centaines d'articles sur le sujet, nous avons découvert que la littérature est amorphe et complexe et ne nous permet pas de tirer des conclusions décisives sur les meilleures pratiques en matière de formation à la diversité[96]. »

Peut-être la rareté des chiffres tient-elle au fait qu'ils sont souvent décevants. Dans l'échantillon très limité des interventions qui ont cherché à mesurer un effet, 50 % ont conclu qu'il n'y en avait pas. Résumé des chercheuses : « Nos principales conclusions jettent un doute sur le fait que les interventions menées jusqu'à présent aient entraîné des changements significatifs. » Une autre méta-analyse de 2021, couvrant 418 expérimentations sur la réduction des préjugés, fait état d'un « résultat décourageant » : dans les rares études à la méthodologie solide, l'amplitude de l'effet de l'intervention est beaucoup plus faible, ce qui jette un doute sur la crédibilité des autres études[97].

En somme, la recherche s'intéresse peu aux interventions pour faire avancer la diversité. Quand elle s'y intéresse, elle en mesure rarement les effets. Et quand

---

* Bien sûr, les résultats qualitatifs comptent aussi. En les prenant en compte, il y a 78 études qui mentionnent des résultats. Soit toujours moins de 1 % de l'échantillon.

elle les mesure, elle en trouve rarement. Encore s'agit-il ici des travaux publiés dans des revues scientifiques : les interventions conduites par les entreprises échappent à ce bilan, et on peut craindre que leur mesure ne soit pas faite avec plus de rigueur.

Parmi les travaux qui mesurent des résultats, l'étude le plus souvent citée est sans doute celle de Frank Dobbin et Alexandra Kalev, qui ont étudié les programmes de diversité de quelque 800 entreprises sur une période de trente ans [90]. Leur mesure de succès est simple : cinq ans après une intervention donnée, la part des femmes et des minorités dans les rangs des managers a-t-elle changé ? En ce qui concerne les formations obligatoires, leur réponse est alarmante : oui, mais dans le sens inverse de celui escompté. Ces formations *nuisent* à la diversité !

L'explication principale de ce résultat paradoxal est simple : quel que soit le sujet, on n'obtient pas l'adhésion de managers en les humiliant et en leur imposant une « rééducation ». La psychologie parle de *réactance* pour désigner le comportement d'individus qui, confrontés à une contrainte, manifestent leur indépendance en faisant le contraire de ce qu'on leur a prescrit [98]. Signe que cet effet de réactance est important, Dobbin et Kalev notent que les formations donnent de bien meilleurs résultats quand elles ne sont *pas* obligatoires. Il peut s'ajouter à la réactance un phénomène de *licence morale* : après avoir suivi une formation, un manager peut relâcher son attention à l'équité, comme un sportif qui s'autorise un écart de régime après un effort important [99, 100].

UN TEST POPULAIRE… ET SUSPECT

Parmi les outils qu'utilisent ces formations, le test IAT de mesure des biais implicites mérite une mention particulière. Développé en 1998 par Anthony Greenwald, de l'Université de Washington, et Mahzarin Banaji, de Harvard, rejoints par la suite par Brian Nosek, de l'Université de Virginie, ce test a été passé par des millions de personnes et a fait l'objet de milliers de publications scientifiques. Vous pouvez vous-même vous tester gratuitement sur le site de Harvard, qui propose 18 versions différentes de l'IAT, mesurant vos biais sur les dimensions d'ethnicité, de genre, de religion, ou de sexualité [101]. Dans l'arsenal des tests psychologiques, c'est indéniablement la création récente qui a rencontré le plus grand succès.

L'IAT est pourtant au centre de débats scientifiques houleux, qui jettent un sérieux doute sur la manière dont il est utilisé [102]. Il n'est pas nécessaire de présenter en détail ici la controverse méthodologique qu'il suscite, mais on peut en retenir trois conclusions importantes.

D'abord, l'IAT n'est pas *fiable*. On attend de n'importe quel instrument de mesure qu'il donne le même résultat quand on l'applique deux fois au même objet. Pour un test psychométrique – qu'il s'agisse de personnalité, d'intelligence, ou, comme ici, de biais – il est évidemment important que la même personne, si on la teste deux fois, reçoive sensiblement le même score. C'est ce qu'on appelle la *fiabilité test-retest*. Or, pour l'IAT, cette fiabilité est très en deçà des normes habituellement appliquées aux tests psychométriques[103].

Ensuite, une confusion s'est installée entre *associations* implicites et *biais* implicites. Tout ce que l'IAT mesure, ce sont des associations entre des mots présentés sur un écran. Ces *associations* implicites sont censées être une *mesure*, approximative, des biais en question. Mais la mesure n'est pas le concept, comme la carte n'est pas le territoire. Si la nuance vous semble ténue, demandez-vous si le résultat à un test de QI vous semblerait suffisant pour mesurer votre « intelligence », et si vous croyez que l'intelligence est précisément et exclusivement ce que ce test mesure. De la même manière, il est permis de se demander si des écarts de temps de réponse mesurés en millisecondes sont une mesure crédible de ce qu'on appelle « biais »[104].

Troisièmement, le lien entre les associations implicites et les comportements individuels n'est pas établi. Ce problème, celui de la *validité prédictive* de l'IAT, est crucial : si les biais implicites, quelle qu'en soit la définition, n'ont pas de conséquences dans le monde réel, cela n'a aucun sens de dire d'une personne qui obtient un score élevé à l'IAT qu'elle est « biaisée ». Les promoteurs de l'IAT ont d'ailleurs longtemps été catégoriques : en 2013, ils écrivaient que le test est « prédictif de comportements discriminatoires, même parmi les participants qui déclarent sincèrement (et, selon nous, honnêtement) avoir des convictions égalitaires[105] ». Pourtant, les études qui ont tenté de démontrer ce lien prédictif sont pour le moins partagées. Il n'est pas du tout certain que les personnes les moins « implicitement biaisées » aient les comportements les plus égalitaires. Et rien ne suggère que les formations sur les biais implicites modifient durablement et significativement les comportements des participants [106].

Ces problèmes sont assez sérieux pour que les concepteurs de l'IAT désavouent clairement les formations qui s'en inspirent. Écoutons Mahzarin Banaji, en 2018 : « Il y a beaucoup de gens à travers ce pays qui disent qu'ils proposent une formation aux biais implicites. [...] Ce qui me préoccupe, c'est que lorsque je serai vieille, je me souviendrai de cette époque, et je me demanderai pourquoi je n'ai pas fait quelque chose à ce sujet. Parce que je ne crois pas que ces formations servent à quoi que ce soit [107]. »

Que reprochent précisément les inventeurs de l'IAT à ceux qui utilisent leur création ? Greenwald, Banaji et Nosek clarifient leur position dans leurs articles scientifiques. Selon eux, l'IAT a une valeur à l'échelon *sociétal*, puisqu'il démontre la présence de biais partagés par un grand nombre de personnes. Mais étant donné son imprécision, il ne devrait pas être utilisé comme un instrument de diagnostic *individuel* [108]. Malheureusement, c'est exactement comme cela que le test est présenté dans toutes les formations. Et les auteurs ne semblent pas s'appliquer leurs propres conclusions : c'est bien à un autodiagnostic individuel que vous invite encore aujourd'hui le site de Project Implicit, l'organisation fondée par les inventeurs de l'IAT et hébergée par Harvard...

PERSEVERARE DIABOLICUM

Il est frappant de constater que les critiques de l'IAT n'entament pas sa popularité. Plus généralement, et au-delà du cas particulier de ce test, ni la rareté des études sur les effets des formations à la diversité ni le fait que celles qui existent soient très souvent négatives ne semblent dissuader les entreprises d'y avoir recours. Comment expliquer ce phénomène ?

Une réponse possible est que l'effort de formation signale l'engagement de l'entreprise et son sérieux. La diversité est un problème compliqué ; et quand on se demande « par quel bout le prendre », la formation, facile et rapide à mettre en place, s'impose. Pour ceux qui y participent, l'expérience est intéressante, parfois même émouvante. Sa dramaturgie – confession, pénitence, rédemption – permet de se donner bonne conscience à peu de frais. La formation sert même parfois de signal externe de contrition et de rituel de purification, comme quand Starbucks, en 2018, après que la responsable d'un de ses cafés eut indûment expulsé deux clients noirs, ferma ses 8 000 points de vente pendant une demi-journée pour former simultanément ses 175 000 salariés [109].

Plus cyniquement encore, rendre une formation obligatoire est une manière de se protéger par avance contre des procès en discrimination. Si l'entreprise est poursuivie en raison du comportement raciste ou sexiste d'un de ses managers, le fait d'avoir pris des mesures de ce type pourra l'aider à nier l'existence de tout biais « systémique ». Quand on considère qu'une banque comme Merrill Lynch a déjà payé plus d'un demi-milliard de dollars à des employés qui l'accusaient de discrimination, le budget formation peut se concevoir comme une prime d'assurance [90, 110].

Qu'on croie ou non à ces justifications tactiques (d'ailleurs moins pertinentes dans un contexte européen), l'idée de combattre les biais implicites est problématique. Car elle repose sur deux hypothèses elles-mêmes implicites, et en réalité très contestables.

LA FOCALISATION SUR L'INDIVIDU

La première hypothèse est que, dans une entreprise moderne, l'immense majorité des collaborateurs sont des personnes respectables et bien intentionnées : elles n'ont pas de biais *conscients*, et leurs comportements indésirables ne peuvent donc s'expliquer que par des biais *implicites*. Pourtant, une fraction minoritaire mais non négligeable de la population adhère tout à fait explicitement à des stéréotypes. D'après une enquête de la DREES (une division de l'Insee), en 2024, une personne sur cinq en France pense que « les hommes sont de meilleurs managers d'équipe au sein d'une entreprise » ou que « dans l'idéal, les femmes devraient rester à la maison pour élever leurs enfants [111] ». Ce type de préjugé explicite et assumé, même s'il est plus rare, est plus constant que les biais implicites, et surtout bien plus prédictif des comportements sexistes, racistes et homophobes [112, 113].

La seconde hypothèse qui sous-tend les formations aux biais implicites est que les choix de l'entreprise reposent sur une somme de *comportements individuels.*

Certains de ces comportements sont formalisés, comme les décisions de recrutement ou de promotion. D'autres sont informels, par exemple quand des managers créent un climat hostile par leur attitude, leurs gestes ou leurs plaisanteries. Le pari de la formation consiste donc à susciter une prise de conscience, à « conquérir les cœurs et les esprits », pour changer ces comportements afin de transformer l'organisation.

Mais l'idée que changer les comportements individuels puisse suffire à obtenir des résultats à l'échelle d'une organisation est hautement discutable. Dans d'autres contextes, le problème que soulève cette proposition vous sauterait aux yeux. Supposez par exemple qu'on vous dise que l'inaptitude du système éducatif français à corriger les inégalités sociales est due aux biais inconscients des enseignants, et que pour en finir avec la « reproduction » inlassablement dénoncée depuis Bourdieu, il suffit de former le personnel de l'Éducation nationale à surmonter ses biais. Sans doute seriez-vous sceptique, et à juste titre ! Non que les enseignants soient exempts de biais, bien sûr. Mais d'autres explications vous viendraient sans doute à l'esprit : la carte scolaire qui induit une faible mixité sociale des établissements, les politiques de sélection et d'orientation, les méthodes d'évaluation…

Dans cet exemple, il semble évident que les leviers d'action *structurels* sont plus pertinents que les modifications de comportement *individuel.* C'est aussi le cas dans n'importe quelle organisation. Faire évoluer les mentalités, si on y arrive, c'est bien ; changer la manière dont ces mentalités se traduisent dans la réalité, c'est mieux. Pour cela, il faut agir sur les motivations et les incitations, sur les mécanismes de sélection et de promotion, sur les critères de décision – bref, sur les structures et les processus de l'organisation.

Il est commode de passer sous silence cette évidence, et de se contenter de formations centrées sur les « biais implicites » et sur les comportements individuels. Le pouvoir de décision des managers n'est pas remis en question. Les responsables de ressources humaines ne fâchent personne et ne sortent pas de leur zone d'influence. Et l'entreprise dans son ensemble affiche ses bonnes intentions sans remettre en cause son fonctionnement.

Pourtant, comme le montrent à la fois les données empiriques et l'analyse théorique, une démarche de diversité qui se borne à tenter de modifier des comportements individuels est vouée à l'échec. Ce n'est pas une tautologie de le dire : pour changer une organisation, il faut changer son organisation.

Les « biais implicites » ne sont pas ce que mesurent les tests. Et surtout, ils ne sont pas le meilleur angle d'attaque pour lutter contre les discriminations.

6

LA « DÉCONSTRUCTION » DES STÉRÉOTYPES

De nombreuses interventions, en entreprise et ailleurs, nous invitent à prendre conscience de nos stéréotypes, à les apprivoiser, à les « déconstruire », dans l'espoir de les surmonter. C'est bien sûr souhaitable. Mais est-ce efficace ? Est-ce même possible ?

Pour éclairer cette question, parcourez le tableau ci-dessous : c'est la liste, établie mi-2024, des dix meilleures performances masculines de tous les temps en marathon.

Coureur	Temps	Marathon
Kelvin Kiptum (Kenya)	2:00:35	Chicago, 2023
Eliud Kipchoge (Kenya)	2:01:09	Berlin, 2022
Kenenisa Bekele (Éthiopie)	2:01:41	Berlin, 2019
Sisay Lemma (Éthiopie)	2:01:48	Valence, 2023
Benson Kipruto (Kenya)	2:02:16	Tokyo, 2024
Birhanu Legese (Éthiopie)	2:02:48	Berlin, 2019

Mosinet Geremew (Éthiopie)	2:02:55	Londres, 2019
Timothy Kiplagat (Kenya)	2:02:55	Tokyo, 2024
Dennis Kimetto (Kenya)	2:02:57	Berlin, 2014
Evans Chebet (Kenya)	2:03:00	Valence, 2020

Comme vous le voyez, six des dix champions sont kenyans ; les quatre autres éthiopiens. Que pouvez-vous en déduire quant aux aptitudes des Africains de l'Est à la course à pied sur longue distance ?

Quand je soumets cette question à mes étudiants, les réponses fusent. Les Kenyans et les Éthiopiens, me dit-on, ont une morphologie longiligne, particulièrement adaptée à la course à pied. Ils ont un métabolisme différent, du fait, peut-être, de l'altitude à laquelle ils vivent. À ces avantages physiques supposés s'ajoutent des facteurs culturels : les Africains de l'Est, paraît-il, s'entraînent à la course depuis leur plus jeune âge, car la popularité de ce sport est dopée par les succès mondiaux de leurs compatriotes.

Le sujet de chacune de ces phrases (« les Kenyans et les Éthiopiens ») est une population de 180 millions de personnes. Il aura suffi d'un échantillon non seulement minuscule mais manifestement non représentatif pour tirer des conclusions générales sur cette population. C'est dire la facilité avec laquelle nous fabriquons un *stéréotype* : une généralisation sur un groupe, généralisation que nous appliquons à des individus du seul fait qu'ils appartiennent à ce groupe * [114].

* Quant aux coureurs kenyans, il existe (au moins dans certaines sous-populations) des facteurs physiologiques ou génétiques

Bien sûr, nous sommes aussi capables de résister à la tentation du stéréotype. Si je fais ensuite remarquer aux mêmes étudiants que 56 % des lauréats du prix Nobel depuis sa création sont américains ou britanniques, ils se gardent bien d'en tirer des conclusions sur les aptitudes (innées ou acquises) des Anglo-Saxons *en général*. Mais quand la généralisation conforte nos convictions existantes, nous n'activons pas notre esprit critique, et nous adhérons au stéréotype.

LA MÉCANIQUE DU STÉRÉOTYPE

Si les stéréotypes nous sont si naturels, c'est parce qu'ils reposent sur des *heuristiques*, des « raccourcis » que nous utilisons pour prendre des décisions rapides sans mobiliser de ressources cognitives.

Imaginons par exemple que vous veniez de recevoir le CV d'une candidate, diplômée d'une excellente école. Vous décidez de l'inviter à un entretien. Vous venez d'utiliser une heuristique : le raccourci « bon diplôme = bonne candidature ». Bien sûr, vous savez que toutes les diplômées de cette école ne sont pas meilleures que toutes celles d'une formation moins réputée, mais cela n'empêche pas que votre impression soit favorable.

Vous examinez maintenant le CV du candidat suivant, titulaire, lui, d'un diplôme universitaire de création récente. Par chance, vous avez déjà engagé deux diplômés de cette formation, et vous les avez appréciés

---

particuliers ; mais les chercheurs sont partagés sur leur pouvoir explicatif[115, 116].

pour leur rigueur et leur esprit d'équipe. Immédiatement, vous associez le nouveau candidat aux précédentes recrues, et vous lui prêtez les mêmes qualités. Vous utilisez ici une autre heuristique : « les diplômés de cette formation se ressemblent ».

Sans doute ces raisonnements vous semblent-ils parfaitement légitimes. Juridiquement, vous avez raison : en France, il est interdit de discriminer sur la base du sexe, de la religion, de l'orientation sexuelle, et d'autres critères (au moins 25 au total *), mais il est évidemment permis de sélectionner sur la base du diplôme. Psychologiquement, pourtant, la mécanique est la même que dans les stéréotypes de genre ou d'origine. Votre sélection sur le diplôme n'est pas une discrimination, mais c'est bien une catégorisation sur la base d'un stéréotype. Les heuristiques qui ont guidé vos décisions sont les mêmes.

La Figure 3 illustre ces heuristiques. Quand vous comparez la diplômée de la grande école au profil type de son école, vous utilisez l'*heuristique de représentativité* : vous jugez sur la base d'une ressemblance, pas

* Origine, sexe, situation de famille, grossesse, apparence physique, vulnérabilité particulière liée à la situation économique, nom, lieu de résidence, état de santé, perte d'autonomie, handicap, caractéristiques génétiques, mœurs, orientation sexuelle, identité de genre, âge, opinions politiques ou philosophiques, activités syndicales, qualité de lanceur d'alerte, qualité de facilitateur de lanceur d'alerte ou de personne en lien avec un lanceur d'alerte, capacité à s'exprimer dans une langue autre que le français, ethnie, nation, race prétendue, religion. La liste continue à s'allonger, pour inclure par exemple la domiciliation bancaire ainsi que le refus ou l'acceptation de subir des faits de bizutage, mais pas (encore) les accents régionaux [117].

d'une statistique. C'est la même heuristique qui nous fait supposer qu'un Kenyan moyen serait un bon coureur, simplement parce qu'il ressemble à l'idée que nous nous faisons du Kenyan type. Et quand vous imaginez un profil type pour la formation universitaire à partir d'un petit nombre d'exemples, vous utilisez l'*heuristique de disponibilité* : votre impression repose sur le peu d'informations disponibles, exactement comme lorsqu'un échantillon de quelques champions suffit à façonner notre vision des Kenyans [118].

Figure 3 : Mécanismes cognitifs des stéréotypes

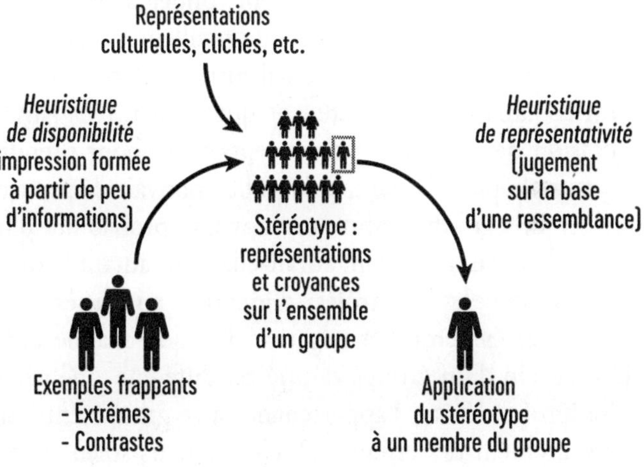

EFFICACES ET DANGEREUSES HEURISTIQUES

Si notre cerveau recourt à des heuristiques, c'est pour une raison simple : elles nous permettent d'économiser des ressources cognitives. Nous avons besoin de créer des catégories mentales pour simplifier le monde qui nous entoure. Généraliser, traiter chaque individu comme l'ensemble du groupe dont il fait partie, est beaucoup plus rapide que se pencher sur chaque cas. Si les diplômés de l'école X ont, en moyenne, plus de chances de vous convenir que ceux de l'université Y, vous gagnerez du temps en vous fiant au stéréotype. Il n'est pas possible de se passer de ces heuristiques… ni, donc, d'être totalement exempt de stéréotypes.

Cela ne veut pas dire que ceux-ci soient acceptables. D'abord, le stéréotype soulève une difficulté éthique. Même si vous êtes statistiquement fondée à penser que les diplômées de l'école X sont de meilleures candidates que celles de l'université Y, est-il juste que vous ne rencontriez jamais ces dernières, et que vous n'ayez jamais l'occasion de découvrir leurs talents ? Ou pour prendre un exemple plus flagrant, si la police pouvait démontrer que certains groupes ethniques ont une probabilité plus élevée d'être en infraction, aurait-elle pour autant le droit de pratiquer les contrôles d'identité au faciès ? La réponse est évidemment négative. Puisque chaque individu au sein d'un groupe donné est différent, une généralisation fondée sur l'appartenance à ce groupe entraîne nécessairement des erreurs. Que ces erreurs soient nombreuses ou rares, elles ne sont pas pour autant tolérables.

Le second problème est statistique : si certains stéréotypes sont statistiquement fondés, tous ne le sont pas. Plus de 70 % des Suédois correspondent au stéréotype qui veut qu'ils aient les yeux bleus, mais seuls 10 % des Irlandais se conforment au stéréotype qui leur prête des cheveux roux. Et le pourcentage de Kenyans qui courent des marathons n'est sans doute pas très élevé non plus ! En d'autres termes, il y a des généralisations hâtives qui nous font faire une *majorité* d'erreurs.

Il y a là un paradoxe. Quand un stéréotype est statistiquement fondé, quand il contient, comme le disent les psychologues cognitifs, un « noyau de vérité », on comprend aisément pourquoi notre esprit prend ce raccourci. Quelques erreurs occasionnelles, même moralement douteuses, sont un prix modique à payer pour un gain de temps et d'effort considérable. Mais croire à des stéréotypes faux, c'est une heuristique qui nous fait avoir plus souvent tort que raison. Pourquoi utilisons-nous une stratégie cognitive aussi suspecte ? D'où viennent ces stéréotypes sans base statistique ?

La solution à cette énigme des stéréotypes erronés se trouve dans le phénomène que Daniel Kahneman appelle la *substitution des questions* [119]. Les questions auxquelles vous devriez répondre sont difficiles : « Combien y a-t-il de marathoniens parmi les Kenyans ? Quel pourcentage des Irlandais sont roux ? » Mais plutôt que de chercher la réponse à ces questions difficiles, vous leur substituez des questions plus faciles : « Quel exemple *extrême* me vient à l'esprit quand on parle de coureur kenyan ? Quelle couleur de cheveux est la plus *différenciante* chez les Irlandais ? »

LES EXTRÊMES ET LES CONTRASTES

Les *extrêmes* et les *contrastes* sont en effet deux manières de rendre une question plus facile. D'abord, notre perception d'un groupe est exagérément influencée par les cas extrêmes au sein de ce groupe. Les champions kenyans, par définition exceptionnels, pèsent lourd dans votre image mentale du Kenyan moyen (d'autant que vous ne connaissez sans doute pas beaucoup de Kenyans). De même, les filles ont en mathématiques des notes sensiblement égales à celles des garçons, voire supérieures dans certains pays [120], et pourtant le stéréotype continue de supposer le contraire [121]. Pourquoi ? En grande partie, sans doute, parce que les exemples de mathématiciens *exceptionnels* qui nous viennent à l'esprit sont surtout des hommes.

Mais surtout, les stéréotypes se nourrissent de contrastes. De même que nos yeux ne perçoivent un objet que par contraste avec un fond, et que l'eau de la piscine nous semble plus froide quand il fait chaud dehors, nous percevons les contrastes plus que les ressemblances. Si vous venez de France, où seulement 1 % à 2 % de la population a les cheveux roux, ce sont les 10 % d'Irlandais roux que vous remarquerez, pas les 90 % de têtes brunes ou blondes.

Cette amplification des contrastes joue un rôle capital dans la formation des stéréotypes de genre. Pourquoi semble-t-il intuitivement évident à beaucoup de gens que les hommes et les femmes sont très différents ? Pourquoi des millions de lecteurs de John Gray croient-ils avec lui que *Les hommes viennent de Mars, les femmes viennent de Vénus* [122] ? Parce que certaines différences entre les sexes, même faibles, créent des contrastes que les stéréotypes amplifient à l'extrême *.

---

* Le fait que de telles différences existent ne signifie évidemment pas qu'elles soient « innées » ou « naturelles ». Beaucoup de ces différences sont socialement construites, et des différences naturelles peuvent avoir été amplifiées par certains contextes culturels [123, 124]. Par ailleurs, même si des différences étaient

DES DIFFÉRENCES DE GENRE RÉELLES, MAIS FAIBLES

Pour comprendre ce phénomène, il faut recourir à une notion statistique essentielle, mais peu connue du grand public, l'*amplitude d'effet* (ou *taille d'effet*). Illustrons-la avec un stéréotype répandu (et sur lequel nous reviendrons en détail), celui qui affirme que « les hommes ont plus confiance en eux que les femmes ». Bien sûr, même les personnes qui croient fermement à cette affirmation conviendront que la règle n'est pas absolue, et que *certaines* femmes ont plus confiance en elles que *certains* hommes. Il est sous-entendu qu'on parle de moyennes. De la même manière, on n'hésite pas à dire que « les hommes sont plus grands que les femmes », alors qu'on sait bien que *tous* les hommes ne sont pas plus grands que *toutes* les femmes. Ce qu'on énonce n'est pas une règle absolue, mais une statistique, qui admet des exceptions.

Là où les choses se compliquent, c'est quand on demande *combien* d'exceptions. La Figure 4 illustre les deux propositions, celle qui concerne la stature et celle qui concerne la confiance en soi. Chacune des populations suit une distribution « normale », celle de la célèbre « courbe en cloche ». Dans le premier graphique, deux courbes, l'une pour les femmes et l'autre pour les hommes, représentent la distribution des statures au sein d'un échantillon d'adultes

---

« naturelles », cela ne veut pas dire qu'elles seraient acceptables : dans d'innombrables domaines, la civilisation a fort heureusement pris le pas sur la nature. Les différences dont il est question ici sont donc des différences *observées*, observation qui n'emporte aucune conclusion quant à leur origine, et encore moins à leur désirabilité.

suisses. La stature des femmes est normalement distribuée autour d'une moyenne de 166 cm, celle des hommes autour d'une moyenne de 179 cm [125]. Dans le second graphique, qui représente l'estime de soi, c'est la même chose… sauf que l'écart entre les deux courbes est visiblement beaucoup plus faible. Dans les deux cas, « les hommes » et « les femmes » sont réellement différents : le genre a un *effet* sur ce qu'on mesure. C'est *l'amplitude* de cet effet qui n'est pas la même.

Figure 4 : Deux amplitudes d'effet

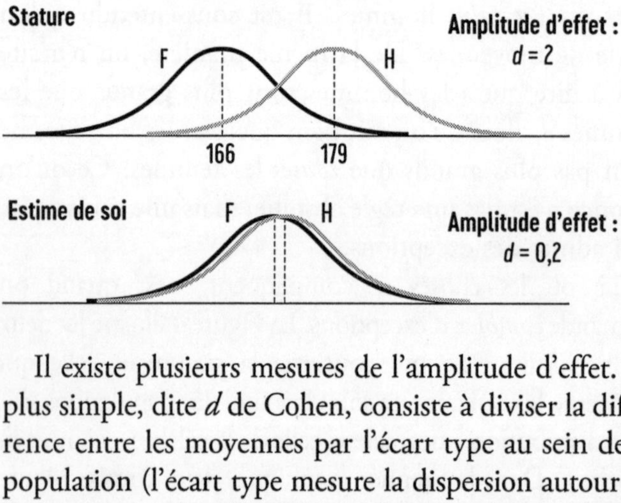

Il existe plusieurs mesures de l'amplitude d'effet. La plus simple, dite *d* de Cohen, consiste à diviser la différence entre les moyennes par l'écart type au sein de la population (l'écart type mesure la dispersion autour de la moyenne : plus il est élevé, plus les valeurs sont étalées). Pour la stature, la différence entre les deux moyennes est de 13 cm, et l'écart type est de 6,5 cm : $d = 2$. L'effet est important : comme on le voit à l'œil nu, la très grande majorité des hommes sont plus grands que la femme moyenne. Pour l'estime de soi, le tableau est très différent, puisque l'écart entre les moyennes n'est que de 0,2 fois l'écart type : *d* = 0,2 [126]. Avec cette amplitude d'effet, les deux populations se recouvrent presque complètement *. Conventionnellement, le seuil de *d* = 0,2 définit un petit effet, et tout effet inférieur peut être considéré comme négligeable.

Or, justement, la très grande majorité des différences mesurées entre hommes et femmes sont d'amplitude inférieure à *d* = 0,2. Un article de synthèse publié en 2005 par Janet Hyde compile les résultats de 46 méta-analyses, qui inventorient 128 mesures de personnalité, de comportement, de communication ou encore de santé mentale. Parmi celles-ci, 78 % sont d'une amplitude inférieure à 0,2. Les hommes, meilleurs pour résoudre des problèmes mathématiques ? À peine (*d* = 0,08). Les femmes, à l'inverse, plus anxieuses face à un problème de maths ? Certes, mais *d* = 0,15. Les petites filles sont plus bavardes, *d* = 0,11 ; et les femmes ont plus de vocabulaire, *d* = 0,02. Les hommes négocient plus dur : *d* = 0,07 ; et interrompent plus souvent la personne qui parle : *d* = 0,15.

Ce qui frappe dans ces exemples et dans la centaine d'autres que Hyde a compilés, c'est que la différence va presque toujours dans le sens du stéréotype, mais qu'elle est faible, voire minuscule. C'est le cas sur la quasi-totalité des mesures de performance cognitive et de personnalité. Chose importante pour notre propos, c'est

* Pour donner une mesure plus précise, mais intuitivement compréhensible, du degré de recouvrement entre les deux courbes, on peut utiliser la *taille d'effet en langage courant.* Dans nos exemples, celle-ci correspond à la probabilité, si l'on choisit un homme et une femme au hasard, que le premier ait un score supérieur à la seconde. Pour la stature (*d* = 2), cette probabilité est de 92 % ; pour l'estime de soi (*d* = 0,2), de 56 % [127].

aussi le cas pour l'efficacité du leadership, sur laquelle Hyde cite quatre études et huit amplitudes d'effet, toutes insignifiantes ou faibles. On comprend pourquoi le titre de l'article de Hyde est « L'hypothèse de la similarité des genres » [128]. On comprend aussi pourquoi les stéréotypes ne relèvent pas cette similarité : il suffit d'un petit contraste pour créer un stéréotype.

Il y a bien sûr quelques exceptions, quelques mesures sur lesquelles le genre a un effet important, mais elles sont rares. En dehors des mesures physiques et de quelques comportements comme la masturbation et la consommation de pornographie (d = 0,5), Hyde n'en trouve que cinq [123]. Un seul de ces domaines concerne une *aptitude* : les hommes sont supérieurs aux femmes pour la visualisation dans l'espace, mesurée par des tests de « rotation 3D » (d = 0,6 à 0,7). Cette supériorité les avantage probablement pour certaines fonctions techniques (d'ingénieur ou d'architecte par exemple) *. Quelques différences portent sur des traits de *personnalité* : les hommes se distinguent par l'agressivité physique et la recherche de sensations fortes (d = 0,6 et

* Les raisons de cette différence ne sont pas claires, mais il est intéressant de noter qu'elle se résorbe en grande partie quand les sujets de l'expérience reçoivent au préalable une formation. Certains auteurs en concluent qu'elle s'expliquerait par la pratique majoritairement masculine des jeux vidéo. Autre exception, une étude sur les résultats de l'étude PISA a conclu que, dans les 65 pays analysés, les filles de 15 ans ont un avantage considérable en lecture sur les garçons, d = 0,44 [129]. Hyde souligne que les garçons sont très fortement surreprésentés parmi les élèves les moins performants, ce qui pourrait suggérer que cette différence tient à l'incidence plus grande chez eux des difficultés d'apprentissage.

0,4, respectivement) ou encore, selon une étude postérieure à la revue de Hyde, par le narcissisme (d = 0,3)[130]. Inversement, les femmes se distinguent nettement sur un trait qu'on peut résumer par « empathie et sensibilité » (d = 0,4 à 1)[131].

Reste un dernier domaine où les différences sont grandes (d = 0,9). Il ne s'agit pas d'une compétence, ni à proprement parler d'un trait de personnalité, mais plutôt de goûts, de *préférences*. Une méta-analyse de 500 000 réponses à des questionnaires d'orientation professionnelle les résume ainsi : « les hommes préfèrent travailler avec des choses, les femmes avec des gens[132]. » Cette différence de préférences a souvent été invoquée pour expliquer la sous-représentation chronique des femmes dans certains domaines scientifiques (informatique, sciences de l'ingénieur : les choses), mais pas tous (biologie, médecine : les gens). Sans entrer dans le débat sur les raisons de cette préférence, notons simplement qu'elle devrait favoriser les femmes pour l'accès aux fonctions de dirigeant : au sommet des organisations, on recherche des meneurs d'hommes (et de femmes), pas de choses…

COMMENT LE STÉRÉOTYPE SURVIT AU CHOC DE LA RÉALITÉ

Nous pouvons donc avoir à l'esprit non seulement des généralisations statistiquement défendables, mais aussi des stéréotypes statistiquement douteux qui amplifient des différences infimes, voire des clichés complètement faux. Dans ce cas, il nous faut encore répondre à une question : comment ces stéréotypes survivent-ils au contact avec la réalité ?

Certes, les stéréotypes évoluent. Nous n'avons pas les mêmes stéréotypes que nos grands-parents. Les stéréotypes sur certains groupes ont parfois changé radicalement en une génération (les attitudes concernant l'homosexualité en Europe ou aux États-Unis en sont un exemple). Mais cette évolution est lente, à l'échelle de temps d'une génération. Individuellement, nous ne révisons pas nos stéréotypes chaque fois qu'ils sont contredits par l'expérience. Quand on croit, par exemple, que les femmes manquent de confiance en elles, pourquoi chaque rencontre avec un des innombrables contre-exemples à cette règle ne nous amène-t-elle pas à remettre en question ce jugement ?

La réponse tient à la perception de ces contre-exemples. Au moins trois biais cognitifs se combinent pour en limiter les effets. Le principal est le *biais de confirmation* : nous prêtons peu d'attention aux personnes qui ne confirment pas le stéréotype. Ainsi, nous croisons tous les jours des hommes timides et taciturnes, sans pour autant que l'idée nous effleure de remettre en cause le stéréotype selon lequel les hommes sont plus assertifs que les femmes. Il arrive bien sûr qu'un stéréotype soit infirmé de manière radicale. Mais cette transgression est alors perçue comme une exception, non comme une remise en cause de la règle. Une telle exception peut justifier un *sous-typage*, c'est-à-dire la création d'une sous-catégorie du stéréotype. Quand une femme enfreint le stéréotype de l'effacement et de la discrétion, il est plus facile de la ranger dans une sous-catégorie de stéréotype sexiste, celle des « femmes qui nous cassent les pieds », que de réviser le stéréotype global.

Le deuxième biais qui perpétue les stéréotypes est l'*erreur d'attribution*, qui nous fait imputer aux personnes ce qui relève des circonstances. Si, par exemple, une femme parle moins que les hommes dans une réunion, nous faisons l'hypothèse que c'est une manifestation de sa personnalité. Il ne nous vient pas forcément à l'esprit que, les femmes étant plus souvent interrompues que les hommes quand elles prennent la parole, elles choisissent leurs batailles avec plus de soin.

Le troisième biais, enfin, est l'*effet de vérité illusoire* : comme la prolifération des *fake news* nous en fournit mille exemples, une proposition douteuse, voire complètement fausse, finit, du simple fait qu'elle est répétée, par sembler crédible. « La familiarité n'est pas facile à distinguer de la vérité », écrivait Daniel Kahneman dans *Système 1, Système 2*. Or, par nature, un stéréotype a été répété d'innombrables fois, et le sera encore. Les représentations culturelles auxquelles nous sommes exposés tous les jours tendent généralement à conforter les stéréotypes plutôt qu'à les contredire : quand des personnages de romans ou de séries vous semblent familiers au point de friser le cliché, c'est sans doute qu'ils correspondent à un stéréotype.

RÉSISTANCE ET GÉNÉRATION DE STÉRÉOTYPES

Ces mécanismes cognitifs multiples et imbriqués expliquent l'étonnante résistance de certains stéréotypes. Les stéréotypes nationaux en sont un exemple frappant : les Allemands sont « fiables et bien organisés », les Japonais « font peu de bruit et portent souvent un masque », et les Suisses sont « très premier degré », si l'on en croit… les formations de l'agence Atout France, destinées aux professionnels du tourisme [133] !

Les stéréotypes de genre sont, eux aussi, étonnamment pérennes. En dépit de la participation massive des femmes au marché du travail depuis la Seconde Guerre mondiale, en dépit de leur accession de plus en plus fréquente à des postes de responsabilités, en dépit de l'émergence de « modèles de rôle » parmi les femmes politiques, les leaders économiques et le reste de la société, le contenu des rôles féminins et masculins stéréotypiques (que nous examinerons en détail au chapitre suivant) reste largement intact.

Sans renoncer aux stéréotypes ancestraux, nous en fabriquons aisément de nouveaux. Si l'on vous parle des jeunes cadres de la Génération Z, des adeptes du yoga ou des militants de la cause animale, des représentations stéréotypées vous viennent à l'esprit. Sans doute n'avez-vous aucun mal à imaginer leurs choix vestimentaires ou leurs opinions politiques, même si vous ne connaissez aucun individu représentatif de ces catégories. En vérité, il faudrait dire *surtout* si vous n'en connaissez aucun : moins nous connaissons de membres d'un groupe, plus il nous semble homogène, et plus il est facile de le stéréotyper. Les stéréotypes sont souvent associés à des groupes étrangers (les sociologues parlent d'*exogroupes*, par opposition à l'*endogroupe* dont on fait soi-même partie). Au sein d'un endogroupe, le partage de stéréotypes communs sur l'exogroupe est un facteur de socialisation, comme quand les supporters d'une équipe de football partagent des stéréotypes sur leurs adversaires. La remise en cause de ces stéréotypes peut conduire à l'ostracisme ou au conflit : malheur au supporter qui prend la défense d'un joueur de l'équipe adverse injustement sanctionné par l'arbitre !

On peut aussi fabriquer de nouveaux stéréotypes en jouant, au sein d'un groupe donné, sur les représentations partagées d'un exogroupe. C'est ce qu'a fait l'autrice Rebecca Solnit avec le *mansplaining*. Le terme (parfois joliment traduit par *mecsplication*) caractérise une situation où un homme, sûr de lui et condescendant, explique à une femme quelque chose qu'elle connaît en réalité bien mieux que lui.

On comprend que Solnit, et bien d'autres femmes, soient exaspérées par *Ces hommes qui [leur] expliquent la vie*, comme le dit le titre de son livre [134]. Mais il arrive aussi à des hommes de se faire « expliquer la vie », parfois par un autre homme, et parfois même par une femme ! Moins souvent que l'inverse ? Peut-être. Mais même s'il renferme un noyau de vérité statistique, le *mansplaining* reste un stéréotype. « Expliquer la vie », c'est mal, mais « expliquer la vie comme un mec » n'est pas plus acceptable que « se dégonfler comme une gonzesse », dont il est strictement symétrique. Que ce stéréotype fonctionne si bien, et qu'il soit plus facile de créer des stéréotypes sur les hommes que de lutter contre les stéréotypes sur les femmes, illustre bien la puissance des stéréotypes.

LUTTER CONTRE LES STÉRÉOTYPES ?

Quand on prend conscience de la combinaison de mécanismes cognitifs à l'œuvre dans la formation et le maintien des stéréotypes, on comprend la difficulté de les combattre. Les heuristiques de représentativité et de disponibilité sont des mécanismes mentaux essentiels, qui nous rendent service mille fois par jour. Sans elles, le monde serait inintelligible. La substitution des questions, le biais de confirmation, l'erreur d'attribution et l'effet de vérité illusoire sont des biais cognitifs solidement ancrés, qui nous font d'ailleurs commettre des erreurs dans bien d'autres domaines. La résistance des stéréotypes anciens et l'émergence de stéréotypes nouveaux confirment la vitalité des mécanismes qui les produisent.

De manière générale, les interventions qui visent à « débiaiser » les individus, à éradiquer leurs biais cognitifs, ne donnent guère de résultats [135]. Et les interventions qui ciblent les stéréotypes ne font pas exception : leurs résultats sont modestes et de courte durée [136]. Certaines formations, en analysant les stéréotypes, tombent dans le piège de l'effet de vérité illusoire, qui renforce les stéréotypes en tentant de les combattre [137]. Plus généralement, étouffer les « mauvaises pensées » peut provoquer un effet rebond, les stéréotypes revenant avec plus d'insistance encore [138]. Comme l'écrivait le philosophe Daniel Dennett, « il est plus facile de créer la pensée que de la contrôler [139] »…

Comme les formations centrées sur les biais implicites, celles qui visent à déconstruire les stéréotypes sont bien intentionnées. Il est sans doute d'intérêt général pour la société de combattre les stéréotypes, et dans l'intérêt de chacun de comprendre comment ses stéréotypes influencent ses propres perceptions. C'est même, on l'aura compris, l'un des objectifs de ce livre.

La « déconstruction » des stéréotypes

Mais les stéréotypes reposent sur des mécanismes cognitifs indispensables, sont confortés par des biais solidement ancrés, et sont continuellement renforcés, intentionnellement ou non, par notre environnement. Face à un tel adversaire, il serait bon de déployer des armes plus efficaces.

Prendre conscience des stéréotypes, c'est nécessaire.
Penser qu'on va les vaincre, c'est les sous-estimer.

7

L'ENCOURAGEMENT, AU RISQUE DU *BACKLASH*

Dans son très influent livre *Lean In*, Sheryl Sandberg, alors directrice générale de Facebook, exhorte les femmes à se « pousser en avant » : « saisissez les opportunités et adaptez-les à vos besoins » ; « arrêtez de penser "je ne suis pas prête" ; dites-vous plutôt "je veux faire ça, et je vais apprendre en le faisant" ». *En avant toutes*, donc, comme le dit le titre français du livre, et comme le disent, avec d'autres mots, une série d'ouvrages dans la même veine [140-143].

« *LEAN IN* »

Sandberg ne minimise pas le travail que les entreprises doivent faire pour que les femmes progressent plus vite et plus haut, ni d'ailleurs le rôle de leurs conjoints. Mais sa cible principale, ce sont les femmes elles-mêmes, à qui elle dit en substance : ne laissez pas les stéréotypes de genre vous décourager, battez-vous, et vous réussirez.

Nombre d'organisations ont fait leur cette logique. En plus des formations qui incitent les populations « majoritaires » à ouvrir leurs yeux sur leurs biais ou à prendre conscience des stéréotypes, elles encouragent donc les femmes à aller de l'avant, à fendre l'armure, à manifester plus de pugnacité.

En France, on en trouve un exemple dans une initiative de la Conférence des grandes écoles. Celle-ci étudie chaque année l'insertion des jeunes diplômé(e)s dans le monde du travail, et constate un écart de salaire persistant, de l'ordre de 6 % à 7 %, entre les hommes et les femmes [144]. Cet écart s'explique en partie, mais pas entièrement, par des choix différents de secteurs d'activités et de fonctions. Il y a donc des différences de salaire à travail égal, ce qui suggère que, dès la sortie de l'école, les garçons négocient leurs conditions d'embauche plus énergiquement que les filles. D'autres travaux corroborent cette hypothèse : aux États-Unis, une étude conduite par Linda Babcock auprès de jeunes diplômés de Carnegie Mellon a montré que 57 % des hommes, mais seulement 7 % des femmes, tentaient de négocier le salaire qui leur était proposé [145]. Présentant en 2019 le rapport d'insertion des jeunes diplômés, Anne-Lucie Wack, présidente de la Conférence des grandes écoles, en concluait qu'il fallait « déconstruire les stéréotypes de genre » et offrir « à tous, étudiantes et étudiants, des modules sur la négociation salariale, dont on sait que c'est un des points qui expliquent les différences de salaire entre hommes et femmes » [146].

On comprend aisément la logique de ce programme. L'ambition, l'autopromotion et la propension à négocier font bien partie des stéréotypes masculins. Le problème est qu'en invitant les femmes à adopter ces comportements, on les incite justement à *enfreindre* des stéréotypes de genre. Ce qui, on va le voir, n'est ni facile, ni sans danger.

LES STÉRÉOTYPES DE GENRE

Les stéréotypes de genre ne sont pas un sujet nouveau. Depuis plus de trente ans, une quantité impressionnante de travaux théoriques et expérimentaux les ont analysés sous toutes les coutures. L'idée centrale qui s'en dégage est simple : *les hommes seraient tournés vers l'action, les femmes orientées vers autrui* [147]. L'homme du stéréotype poursuit des résultats, est enclin à prendre le contrôle de la situation, et met au service de ses objectifs une pensée analytique et rationnelle. La femme du stéréotype, elle, se soucie d'abord d'harmonie dans les relations humaines, quitte à s'effacer pour préserver cette harmonie, et déploie pour ce faire sensibilité et finesse.

Le Tableau 1 résume ces stéréotypes de genre. On le voit, beaucoup des stéréotypes de genre sont à première vue positifs (ah, la fameuse « intuition féminine » !). Mais bien sûr, ces stéréotypes « bienveillants », formulés en termes positifs, assignent aux femmes des rôles précis : en France, plus de deux personnes sur cinq pensent que « les femmes font de meilleures infirmières que les hommes » ; et 59 % que « les mères savent mieux répondre aux besoins et attentes des enfants que les pères ». Le plus étonnant est que ces stéréotypes sont à peine moins présents chez les femmes que chez les hommes [111].

Tableau 1 : Stéréotypes de genre

Hommes : orientation action (*agency*)	Femmes : orientation communauté (*communality*)
Orientation résultat • Compétent • Ambitieux • Focalisé sur la tâche	Orientation vers autrui • Bienveillante • Attentionnée • Prévenante
Propension à prendre le contrôle • Assertif • Dominant • Énergique	Souci de l'harmonie entre personnes • Chaleureuse • Amicale • Collaborative
Autonomie • Indépendant • Autonome • Sachant décider	Déférence • Obéissante • Respectueuse • Effacée
Rationalité • Analytique • Logique • Objectif	Sensibilité émotionnelle • Intuitive • Perspicace • Compréhensive

Adapté de M.E. Heilman [147].

LA BONNE ÉLÈVE

Certains stéréotypes de genre sont plus subtils. Dans une étude de 2018, par exemple, on demande aux participants de recommander des personnes pour un emploi. On indique à la moitié d'entre eux que le poste exige « des aptitudes intellectuelles de haut niveau ». Cette simple précision fait baisser de 38 %, par rapport à l'autre moitié de l'échantillon, la probabilité qu'ils recommandent une femme [148] ! On veut bien que les femmes soient compétentes, mais on peine à les imaginer réellement brillantes. C'est le stéréotype de la bonne élève : tandis qu'un homme, même dilettante, peut être génial, une femme, même avec d'excellents résultats, reste « scolaire ».

Une étude américaine a vérifié cette hypothèse en jouant sur les différences culturelles entre disciplines universitaires. Dans certains champs, il est communément admis que la clé d'une carrière universitaire réussie est le « talent brut » : c'est le cas en mathématiques, mais aussi en philosophie ou en économie, où l'on célèbre volontiers les individus « brillants », voire « géniaux ». Dans d'autres disciplines, comme les neurosciences ou la sociologie, on attribue plus volontiers la réussite au travail et aux qualités humaines. Or ces croyances sont associées à une différence de présence des femmes (et, d'ailleurs, des minorités ethniques). Quand le travail suffit, les femmes sont les bienvenues ; mais là où l'on croit au génie, mieux vaut être un homme blanc. Par exemple, le pourcentage d'Américaines doctorantes en biologie moléculaire (une discipline où « c'est le travail qui paie ») est presque le double de celui qu'on trouve en philosophie (une discipline où « c'est le talent qui fait la différence ») [149]. Notons au passage que cette statistique infirme un autre stéréotype, celui qui veut que les femmes soient toujours moins nombreuses en sciences et plus nombreuses en lettres. En réalité, ce n'est pas en sciences en général, mais spécifiquement dans les sciences liées aux mathématiques (physique, informatique, sciences de l'ingénieur), que les femmes sont sous-représentées [121].

Le stéréotype de la bonne élève est tout aussi présent sur le marché du travail. Pour preuve, cette étude de 2018, qui a adressé à des entreprises plus de 2 000 candidatures de débutants, avec des CV manipulés pour faire varier leurs résultats académiques. Sa conclusion est étonnante. Pour les hommes, les notes n'affectent guère la probabilité de décrocher un entretien. Pour les jeunes femmes, en revanche, on y prête attention, mais de manière paradoxale : les femmes gagnent à avoir de bonnes notes, mais *perdent* à en avoir d'excellentes ! Une femme qui a étudié les maths et reçu les meilleures notes possibles a *trois fois moins* de chances d'être invitée à un entretien qu'un homme qui affiche le même bulletin. Comment les recruteurs l'expliquent-ils quand on les interroge par la suite ? Par le fait que ces candidates *ne leur ont pas semblé sympathiques* [150].

LA DOUBLE CONTRAINTE DU STÉRÉOTYPE

Le même stéréotype, celui de « la bonne élève », opère donc de deux manières bien différentes. Dans les deux premières études, on recherche des qualités intellectuelles exceptionnelles : on ne croit pas que les femmes, simples « bonnes élèves », puissent les posséder. Dans la troisième étude, au contraire, on ne recherche pas des personnes particulièrement brillantes : si les femmes sortent de la norme, elles sont exclues. Seul point commun, les femmes sont pénalisées dans les deux cas !

Ce qu'on voit ici, c'est qu'un stéréotype de genre est à la fois *descriptif* (« les femmes sont comme ceci ») mais aussi *prescriptif* (« les femmes devraient, ou ne devraient pas, se comporter comme cela »). On ne pense pas seulement que les femmes sont de « bonnes élèves », on pense qu'elles *devraient* l'être. Cette dualité du stéréotype crée une double contrainte. Si une femme se conforme au stéréotype, elle est scolaire mais pas brillante. Si elle contrevient au stéréotype en réussissant brillamment, elle se rend antipathique, et elle paie le prix de cette transgression : c'est le *backlash*, le « retour de bâton »[151].

La même dynamique est à l'œuvre dans les rôles de leadership. Le stéréotype de la femme « orientée communauté » se fait prescriptif pour lui interdire l'affirmation de soi et l'ambition qu'on attend des leaders. Une femme qui se conforme à ce stéréotype ne peut pas réussir ; une femme qui l'enfreint ne peut pas être sympathique. Double contrainte encore, dont il est très difficile de s'échapper.

On retrouve les stéréotypes de genre dans la lecture que nous avons de beaucoup de situations courantes. Un homme qui remet une décision à plus tard est sage ; une femme qui fait de même est incapable de décider. Un homme qui parle beaucoup en réunion est un bon animateur, une femme qui parle autant est bavarde[152]. Un homme qui coupe la parole est énergique, une femme qui élève la voix quand on tente de l'interrompre est mal élevée. Une femme qui accepte, en plus de son travail, d'écrire un rapport ou de participer à un comité dans l'intérêt collectif, ne fait que son devoir, un homme qui fait de même est un héros[153].

En somme, comme une foule d'expériences l'ont démontré, *à comportement identique, un homme semblera compétent et sympathique, une femme un peu moins compétente et nettement moins sympathique* [147, 154-156].

NÉGOCIATION ET *BACKLASH*

Les situations de négociation fournissent l'exemple le plus frappant de cette double contrainte. De nombreuses études expérimentales ont testé la perception des hommes et des femmes qui négocient. Il en ressort que, quand un homme négocie dur, il reste dans son rôle. On ne lui en tiendra donc pas rigueur : même s'il n'obtient pas ce qu'il demandait, se dit-on, il a eu raison d'essayer. En revanche, une femme qui tente de négocier surprend, parce qu'elle enfreint le stéréotype féminin. Elle passe donc rapidement pour trop exigeante, déraisonnable, difficile : une enquiquineuse, pour le dire poliment…

Il y a bien une exception, une situation où une femme ne s'expose pas au *backlash* : quand les intérêts qu'elle défend sont ceux d'un tiers, et non les siens. Dans ce cas, on trouve acceptable qu'elle négocie pied à pied. Pourquoi ? Parce que le stéréotype de la femme qui se préoccupe des autres avant de se soucier d'elle-même est alors conforté, et non enfreint [157]. Au cinéma, bien des thrillers mettent en scène une femme qui devient soudain capable des actes de violence les plus terribles pour sauver ou venger sa famille.

Chose importante, ces perceptions ne sont pas cantonnées aux hommes. Quand ce sont des femmes qui observent les négociations, elles pénalisent aussi les femmes qui s'affirment [158]. Plus généralement, comme le note Madeline Heilman, l'une des spécialistes reconnues du sujet, « dans la grande majorité des études menées sur les stéréotypes de genre, aucune différence n'a été constatée dans les réactions des hommes et des femmes interrogés [147] ».

Sans doute faut-il transgresser les stéréotypes pour qu'ils évoluent. Mais cette évolution, on l'a vu, est lente. Dans l'immédiat, la double contrainte soulève une difficulté majeure : les femmes doivent adopter des comportements plus proches de ceux des hommes, mais sans le faire d'une manière trop franche qui les rendrait immédiatement antipathiques [159]. Sheryl Sandberg en convient avec lucidité, quand elle écrit par exemple que, dans une négociation, une femme se doit d'être « inlassablement agréable ». Il lui faudra « sourire sans cesse, faire des compliments, invoquer des intérêts communs, souligner l'importance des objectifs de long terme, et généralement approcher la négociation comme la résolution d'un problème plutôt que comme une critique ». Et de conclure : « C'est comme si elles devaient traverser un champ de mines en marchant à reculons avec des talons aiguille. » Le titre d'un récent manuel à l'usage des femmes d'affaires résume le conseil contradictoire qu'on leur donne : *Likeable Badass*, c'est-à-dire… « aimable méchante [160] ».

Dans ce contexte, on peut se demander si les formations à la négociation (ou plus généralement à l'affirmation de soi) produisent réellement les résultats attendus. Même si les femmes parviennent à « traverser le champ de mines en talons aiguilles », l'inégalité ne sera pas corrigée, puisque cette adaptation leur demandera beaucoup d'efforts pour avoir simplement le droit de faire ce que les hommes font spontanément. Et si ces formations sont offertes à tous, comme le proposait la Conférence des grandes écoles, il est possible qu'elles bénéficient plus aux hommes qu'aux femmes, puisqu'ils sont, eux, perçus plus favorablement quand ils négocient.

FAIRE RENTRER TOUT LE MONDE DANS LE MOULE, OU CHANGER LE MOULE ?

Il existe une autre manière de prendre le problème. Pour l'illustrer, revenons à l'exemple des négociations de salaire à la sortie des grandes écoles. Une question simple mérite d'être posée : *pourquoi une entreprise qui recrute des débutants à la sortie d'une grande école leur permet-elle de négocier leur salaire ?* Quelles qualités cette méthode de recrutement récompense-t-elle ? Ces qualités sont-elles bien celles que l'entreprise recherche, et qu'elle a mentionnées sur la fiche de poste de ses recruteurs ? Il est possible que la réponse soit positive dans quelques rares cas, où l'appétence et le talent pour la négociation sont des caractéristiques importantes du poste. Mais un contrôleur de gestion junior, une chercheuse en chimie ou une consultante en stratégie ne sont pas, en principe, appelés à négocier au quotidien.

En réalité, une pratique – celle de la négociabilité du salaire des jeunes recrues – cache un stéréotype. Vous le reconnaissez : c'est celui du jeune cadre dynamique aux dents longues, dont l'âpreté à négocier son salaire reflète la motivation, l'ambition et la combativité. Ce stéréotype est certes masculin, mais il est surtout complètement inapproprié à la plupart des entreprises et des postes. Le problème central, ici, n'est pas que les femmes soient moins enclines à négocier. C'est qu'on puisse imaginer que négocier le salaire de son premier poste soit un indice de compétence.

Une fois ce problème correctement identifié, il devient simple de le résoudre : il suffit pour cela d'imposer, comme c'est heureusement le cas dans beaucoup d'entreprises, une grille de salaires unique et non négociable pour les postes de débutant. À de rares exceptions près, les entreprises devraient trouver qu'une telle mesure est dans leur intérêt. Une grande école soucieuse d'équité pourrait aisément imposer aux entreprises qui recrutent sur son campus de se plier à cette règle.

Cet exemple illustre une erreur fondamentale que commettent beaucoup d'initiatives de diversité [161, 162]. La plupart des organisations se comportent comme s'il fallait *faire en sorte que tous les individus se conforment à leurs stéréotypes du leadership*. Elles les « forment » donc – le mot est révélateur – à se couler tant bien que mal dans un moule masculin. Comme ces formations sont diversement efficaces, les stéréotypes tenaces, et leur violation souvent sanctionnée, il ne faut pas s'étonner que cette approche produise si peu de résultats.

Ce qu'il faut faire, au contraire, c'est s'interroger sur la pertinence du moule, et le briser quand c'est nécessaire. En pratique, cela veut dire *changer les processus de décision pour qu'ils cessent de refléter des stéréotypes.*

Certes, la solution n'est pas toujours aussi facile à identifier que dans l'exemple de la grille de salaire non négociable. Mais la démarche est à la fois plus efficace pour faire progresser la diversité, et plus à même de choisir les individus les plus qualifiés, indépendamment de leur genre. Accessoirement, elle aboutit à ce que les choix de l'entreprise soient moins dépendants de jugements individuels, qui, on le verra, contribuent grandement à la reproduction des inégalités passées.

Faire progresser la diversité, ce n'est pas faire rentrer tout le monde dans un moule stéréotypé. C'est changer le moule.

8

LA MISE EN AVANT DU *BUSINESS CASE*

Si la diversité n'a pas toujours les bénéfices tangibles qu'on lui prête, si le *business case* pour la défendre n'est pas aussi solide qu'on le croit, pourquoi les entreprises en parlent-elles inlassablement ? Et ce discours est-il efficace ?

Dans une étude de 2023, Oriane Georgeac, de Yale, et Aneetta Rattan, de la London Business School, ont compilé les discours que tiennent les 500 plus grandes entreprises américaines sur la diversité [163]. En étudiant leurs sites web corporate, leurs portails carrières, leurs annonces de recrutement et leur présence sur les réseaux sociaux, elles ont trouvé matière à leur analyse dans 82 % des 500 sociétés. Manifestement, les grandes entreprises, soumises à la pression des médias et soucieuses d'attirer de jeunes recrues sensibilisées au sujet par leurs années d'université, ne peuvent guère se dispenser de cette figure imposée.

LE *BUSINESS CASE*, DISCOURS UNANIME

Les deux chercheuses ont ensuite classé les discours en deux catégories. Ceux où la diversité est présentée comme une fin en soi (par exemple : « nous recherchons la diversité parce que c'est notre culture et parce que c'est une question de justice »). Et ceux où, au contraire, elle est « instrumentale », c'est-à-dire présentée de manière utilitariste, comme un moyen au service d'un *business case* (par exemple, « la diversité est essentielle à notre succès, car pour innover nous avons besoin d'équipes diverses »). Le résultat est sans appel : 404 sociétés utilisent l'argument instrumental, et seulement 6 l'argument éthique. Soit une majorité de 99 % pour le *business case*.

Pourquoi ce choix quasi unanime d'une justification instrumentale ? En théorie, plusieurs raisons peuvent l'expliquer. D'abord, comme on l'a vu à propos des universités, parler d'affaires plutôt que de justice est une manière de déplacer le débat, d'évoquer un gain partagé, un « *win-win* », plutôt qu'un jeu à somme nulle. En interne, invoquer le *business case* doit donc permettre d'éviter des tensions et des conflits, et aider à désamorcer la résistance des groupes majoritaires qui répugnent à céder la place.

Une autre explication possible du discours utilitariste tient à la réaction de sa cible principale : le marché de l'emploi. Si les grandes entreprises se disputent les talents, et en particulier les meilleurs talents issus de groupes minoritaires, il est essentiel que leur « marque employeur » soit crédible en matière de diversité. Or elles savent que personne ne croit à leur altruisme. Elles peuvent donc penser qu'un discours axé sur le *business case* sera perçu par les candidats comme plus sincère, et par conséquent plus crédible.

Enfin, positionner la quête de diversité comme un projet strictement égoïste et intéressé peut être une précaution en termes de communication au sens large. Les entreprises, certes, sont bien obligées d'afficher une politique de diversité. Mais leurs dirigeants, comme tout le monde, lisent les sondages d'opinion et les résultats des élections : ils savent que tout le monde ne partage pas leur progressisme. Ils peuvent donc craindre, en justifiant leur politique de diversité par des arguments moraux, de s'exposer à des accusations de militantisme, voire de s'aliéner une partie de leurs partenaires ou de leurs clients. Justifier leurs choix par l'intérêt financier leur permet d'éviter cet écueil.

Même si le *business case* n'est en réalité pas très solide, il y aurait donc de solides raisons de ne parler que de lui. Du moins, en théorie… car, en pratique, cette stratégie ne fonctionne pas souvent.

UN DISCOURS QUI N'ÉVITE PAS LE RETOUR DE BALANCIER

Aux États-Unis, la question de la diversité dans les universités et les entreprises est au centre d'une polémique d'une violence surprenante. Le sigle DEI, qui désigne les politiques de « Diversité, Équité et Inclusion », et par extension les services chargés de les mettre en œuvre, est devenu un cri de ralliement pour les uns, un chiffon rouge pour les autres. Les défenseurs de la diversité rappellent que des inégalités criantes persistent entre les groupes ethniques, comme entre les femmes et les hommes, et que l'action constante des départements DEI dans les entreprises reste donc indispensable [164]. Les seconds voient dans ces affirmations un agenda politique « woke » et considèrent les départements en question comme des bureaucraties coûteuses et nuisibles [165].

Dans ce débat chauffé à blanc par la polarisation de l'opinion, la question de l'efficacité est mobilisée de part et d'autre, avec des arguments souvent sommaires. Dans le camp des « pro », par exemple, l'homme d'affaires Mark Cuban, fervent défenseur de la diversité, affirme : « J'investis dans des centaines de sociétés. Je sais que la DEI est positive parce que je vois son impact sur les profits [166]. » Porte-parole autoproclamé des « anti », Elon Musk considère au contraire que « DEI est un terme de propagande pour le racisme et le sexisme » (à l'encontre, estime-t-il, des Blancs et des hommes) [167]. Et des groupes de pression soucieux de « s'opposer à la prise de contrôle des entreprises américaines par les woke » poursuivent en justice les entreprises cotées dont les politiques de diversité leur semblent plus motivées par l'idéologie que par l'intérêt économique [168].

Où que l'on se situe dans ce débat, le seul fait qu'il ait lieu démontre que le *business case* n'est plus perçu comme un argument suffisant. Si, en parlant des bénéfices économiques de la diversité, on espérait rallier à sa cause les hommes blancs (et les puissants en général), le succès est pour le moins mitigé.

Chose préoccupante, ce sentiment n'est pas cantonné aux milliardaires américains. Du World Economic Forum à la *Harvard Business Review*, les défenseurs de la diversité s'inquiètent d'un « retour de balancier ». Une consultante spécialisée fait face « à une avalanche de questions [...] de nombreuses personnes qui se sentent lésées, insistant sur le fait qu'elles perdent des opportunités parce qu'elles n'appartiennent pas à certains groupes [169, 170] ». Une étude IPSOS de 2024 fournit une bonne mesure de ce sentiment. L'institut a demandé si « lorsqu'il s'agit de donner aux femmes les mêmes droits qu'aux hommes, les choses sont allées assez loin dans mon pays ». Dans les 31 pays étudiés, 60 % des hommes (et 49 % des femmes) répondent par l'affirmative, un pourcentage en hausse de 18 points depuis 2019. Plus explicite encore, l'idée qu'« on est allé si loin dans la promotion de l'égalité des femmes qu'on discrimine les hommes » rencontre l'assentiment de 60 % des hommes de moins de 30 ans (la « Génération Z ») [171].

Assiste-t-on ici à la résurgence d'un sexisme désinhibé, celui des « masculinistes » qui paradent sur les réseaux sociaux ? La lecture des données suggère une interprétation plus nuancée. Les hommes de la Génération Z (et leurs aînés immédiats, les *Millenials*) sont les plus nombreux à se définir comme féministes. Ils décrivent les femmes comme au moins aussi compétentes que les hommes dans les rôles de leadership. Et ils sont nettement plus nombreux à dire que s'ils pouvaient choisir pour qui travailler, ils préféreraient que leur patronne soit une femme. Il semble donc que leurs réponses reflètent avant tout une inquiétude, celle d'hommes jeunes qui n'ont pas encore accédé à des responsabilités, et qui se heurtent à des politiques de diversité perçues comme excluantes. Même si l'on estime leur inquiétude infondée, il faut reconnaître que le discours du « *win-win* » a échoué à les convaincre.

UN DISCOURS QUI RATE SA CIBLE

Les discours des entreprises sur la diversité ont une autre cible importante. C'est celle des individus que ces entreprises veulent attirer en priorité dans un contexte de « guerre des talents ». Dans leur étude, Georgeac et Rattan ont donc évalué l'impact du discours sur la diversité auprès de ces potentielles recrues.

Concrètement, les chercheuses ont interrogé des personnes LGBT, des femmes diplômées cherchant des emplois dans la high-tech, et des jeunes diplômés issus de minorités ethniques. À ces différents publics, les chercheuses ont soumis les *diversity statements* d'employeurs hypothétiques expliquant leurs politiques de diversité. Pour la moitié des sujets, le discours était centré sur les raisons « business », avec des arguments comme « nous valorisons la diversité parce que c'est bon pour les affaires ». Pour l'autre moitié, le discours mettait en avant des arguments de principe (« c'est une question de justice que d'éviter biais et discrimination »).

Le résultat est clair : le premier discours, celui du *business case*, suscite sensiblement *moins* d'adhésion. Les personnes qui y sont exposées anticipent qu'il sera plus difficile d'éprouver un sentiment d'appartenance à l'entreprise. Et elles manifestent moins d'intérêt pour celle-ci en tant qu'employeur potentiel.

Pourquoi le discours a priori le plus sincère fonctionne-t-il moins bien que l'autre ? Parce que le discours « instrumental » sur la diversité insiste sur les apports *différentiels* de différents groupes sociaux – par exemple, en supposant que leurs points de vue seront différents quand il s'agira d'innover. Implicitement, ce discours suggère donc que les membres de groupes sous-représentés apportent une valeur ajoutée *en tant que membres de ce groupe*, et non en tant qu'individus.

En d'autres termes, parler de *business case* renvoie les individus au stéréotype du groupe auquel ils appartiennent. C'est laisser penser, note l'étude, que « l'organisation perçoit tous les membres d'un groupe social donné comme ayant des caractéristiques relativement similaires », autrement dit qu'elle les essentialise. L'expérience est déplaisante : personne n'aime être assigné à un stéréotype. C'est aussi une bonne raison d'hésiter à signer un contrat d'embauche. Car les personnes concernées en déduisent que leur travail sera jugé sur sa conformité à des attentes stéréotypées, et non, comme le serait celui de n'importe quelle nouvelle recrue, sur sa qualité propre.

VERS UN NOUVEAU DISCOURS

Comment, alors, « vendre » sa politique de diversité ? La principale conclusion qui s'impose est que le discours centré sur le *business case*, en tant que justification de cette politique, est contre-productif. En outre, comme les bénéfices attendus ont par ailleurs fort peu de chances de se manifester, même ceux qui adhéreraient à ce discours risquent d'être déçus. Une telle unanimité à tenir un discours contre-productif a de quoi surprendre.

Une fois remisé le discours sur le *business case*, deux options sont possibles. L'une d'elles a été évaluée par les deux chercheuses. Il s'agit d'un discours pro-diversité « neutre », qui ne parle ni de profit, ni d'éthique. Il se contente de proclamer sans explication l'engagement de l'entreprise, avec des phrases comme : « La diversité et l'inclusion font partie de notre société parce que le monde est divers. » De manière surprenante, ce discours neutre, qui ne fournit aucune justification, est préféré au discours « éthique ». En somme, quand on s'adresse aux personnes issues de groupes sous-représentés, il n'y a pas besoin de leur donner de raisons. Pour les autrices de l'étude, donc, « la meilleure justification, c'est de ne pas se justifier du tout ».

Reste une autre voie : celle de la justification éthique. L'éthique, on l'a vu, est la motivation la plus ancienne et la plus solide des politiques de diversité. Chose importante, c'est aussi la motivation principale de celles et ceux qui pilotent ces politiques. En général, on ne devient pas responsable de la diversité dans son entreprise par passion pour la création de valeur actionnariale... Si les managers de la diversité parlent de *business case*, c'est dans l'espoir de convaincre des collègues moins enthousiastes : leur choix d'un discours « instrumental » est lui-même instrumental. Pourquoi ne préféreraient-ils pas la sincérité d'un discours de justice, d'équité, d'égalité des chances ?

Le problème est que pour pouvoir tenir ce discours, il faut pouvoir donner, et défendre, la définition qu'on a de l'équité. La conception qu'en ont beaucoup d'entreprises repose sur la notion de méritocratie, où chacun est récompensé en fonction de ses contributions et de ses mérites. Or, on va le voir, cette méritocratie n'est pas ce qu'on croit.

Le discours instrumental sur la diversité est contre-productif. La justification la plus convaincante de la diversité, c'est l'équité.

9

LE GRAND ESPOIR DES QUOTAS

Résumons : la formation, qui est l'outil principal des programmes de diversité, fonctionne mal, qu'il s'agisse de former aux « biais implicites », à déconstruire les stéréotypes, ou à adopter les codes traditionnels du leadership à l'encontre des stéréotypes en question. Quant à la communication qui accompagne ces programmes, centrée sur le *business case*, elle fait long feu plus souvent qu'elle ne fait mouche, et se retourne même parfois contre son émetteur.

Tout cela contribue sans doute à expliquer que la diversité dans les entreprises fasse du surplace. Quand tout semble avoir échoué, reste une ultime solution : les quotas. Parfois fixés par la *soft law* des codes de conduite, qui imposent aux entreprises d'atteindre un objectif ou de se justifier (« *comply or explain* »), et parfois par des lois qui sanctionnent les contrevenants, les quotas s'attaquent directement au problème du manque de diversité. Peut-on compter sur eux pour le résoudre enfin ?

PRENDRE ACTE DE L'ÉCHEC

Pour comprendre l'exaspération des militant(e)s et la frustration des législateurs, il faut mesurer la lenteur avec laquelle la mixité progresse dans les entreprises. En dépit des discours obligatoires et des bonnes intentions affichées, la représentation des femmes au sommet des entreprises semble en panne. Le World Economic Forum compile depuis 18 ans des indicateurs de parité sur quatre fronts : l'éducation, la santé, la politique et l'économie. Dans ce dernier domaine, il calcule qu'il faudrait, au rythme actuel de progression, 152 ans pour atteindre la parité. Dans tous les secteurs et dans tous les pays, la part des femmes dans la population active décroît quasi linéairement avec le niveau hiérarchique : les femmes représentent 46 % des postes de premier niveau, 35 % des managers, et 24 % des comités de direction. En utilisant des données fournies par LinkedIn, le rapport estime même que la part des femmes dans les postes d'encadrement a légèrement *régressé* en 2024 [24]. Même aux États-Unis, au rythme actuel de progression, les entreprises ont encore quarante-huit ans d'efforts à fournir avant d'atteindre la parité dans les instances de direction, estime une étude récente de McKinsey et de l'ONG LeanIn.org [172].

Ce constat est d'autant plus étonnant que, dans d'autres domaines, les progrès sont au contraire spectaculaires. L'évolution la plus frappante, et sans doute la plus importante à long terme, concerne l'accès des femmes à l'université. Historiquement, bien sûr, les hommes y étaient majoritaires. Cette situation s'est non seulement corrigée, mais totalement inversée. En France, la part des 25-34 ans titulaires d'un diplôme du supérieur était, en 1992, sensiblement la même chez les femmes et les hommes (respectivement 22 % et 21 %). Trente ans plus tard, ce taux de réussite est de 54 % pour les femmes, contre 46 % pour les hommes [173]. Les femmes représentent aujourd'hui 56 % des effectifs de l'enseignement supérieur [174].

Ce changement est passé largement inaperçu, parce qu'il est progressif, mais aussi parce qu'il va à l'encontre des idées reçues. Chaque année, la presse s'indigne vertueusement du faible pourcentage de femmes admises aux concours des écoles d'ingénieurs (30 % en 2022), et en particulier à Polytechnique, inlassablement dénoncée comme un bastion masculin (18 % de femmes) [175]. En réalité, le marronnier journalistique cache la forêt : les formations d'ingénieurs sont une des très rares filières où les femmes restent notablement sous-représentées. Les femmes représentent 67 % des effectifs en médecine, 63 % en droit, 52 % dans les écoles de commerce [174]. À l'École nationale de la magistrature, dont il est difficile de prétendre qu'elle ne prépare pas à des postes de pouvoir, 80 % des élèves sont des femmes [176]. Même en sciences, à l'exception de la catégorie « sciences fondamentales et applications » dont font partie les écoles d'ingénieurs, les femmes dominent : elles sont 51 % dans l'ensemble des filières scientifiques, et même 66 % en sciences de la vie, de la santé et de la Terre.

Désormais, c'est la sous-performance globale des hommes qui devrait étonner, voire faire scandale. Dans une classe d'âge, 25 % des garçons, contre 15 % des filles, n'obtiennent pas le bac [174]. Le problème n'est pas spécifiquement français : dans *chacun* des 35 pays pour lesquels l'OCDE compile cette information, le taux d'accès des hommes aux études supérieures est inférieur à celui des femmes, de 13 points en moyenne [173]. Aux États-Unis, les femmes reçoivent désormais 64 % des masters et 59 % des doctorats [177] (ce dernier chiffre est quasi identique en France). Et ces écarts ne cessent de s'accroître. Une disparité aussi forte et aussi universelle, si elle était au détriment des femmes, serait évidemment, et à juste raison, interprétée comme le signe d'un problème systémique [178].

Le triomphe des femmes dans l'enseignement supérieur ne rend que plus frappante, par contraste, leur absence au sommet de la hiérarchie des entreprises. Il y a au moins deux décennies que les entreprises ne peuvent plus sérieusement invoquer le manque de talents disponibles, et que, pourtant, la diversité fait du surplace. Peut-être est-il temps de se souvenir de la maxime attribuée (à tort) à Einstein, selon laquelle la folie consiste à faire la même chose encore et encore en espérant des résultats différents…

LES QUOTAS, SOLUTION RADICALE ?

À ce problème tenace, les législateurs français ont trouvé une solution : la contrainte. Votée en 2021, la loi Rixain impose aux entreprises de plus de 1 000 salariés de compter 30 % de femmes dès le 1er mars 2026, et 40 % au 1er mars 2029, parmi « les cadres dirigeants et les membres des instances dirigeantes », c'est-à-dire les comités exécutifs ou comités de direction *. Pour

* La rédaction de la loi est ambiguë, mais l'interprétation qui en est donnée par le ministère du Travail ne l'est pas [179].

« accélérer la participation des femmes », explique la loi, il faut imposer aux entreprises ce qu'elles n'ont pas su (ou pas voulu) faire d'elles-mêmes. Christine Lagarde résumait cette idée d'une phrase choc : « Quand on ne légifère pas, on trouve des excuses ; quand on légifère, on trouve des femmes. »

Les comités exécutifs empruntent donc le même chemin que les conseils d'administration, où la loi Copé-Zimmermann, adoptée en 2011, a imposé une norme similaire. Et de fait, des femmes qui ne correspondaient pas au profil type historique des conseils d'administration se sont révélées capables d'y jouer très efficacement leur rôle. Les dirigeants et les administrateurs ont pris conscience de la variété des compétences et des talents qui peuvent contribuer à un conseil.

Mais imposer un objectif quantitatif n'est pas anodin. À tout le moins, il faut avoir conscience des difficultés que soulève cette démarche. On peut en dénombrer quatre.

La première difficulté est qu'instaurer un quota s'oppose, au moins en apparence, à une valeur à laquelle toutes les entreprises disent souscrire : la méritocratie. On offre donc un argument facile aux adversaires déclarés de la diversité. Le capital-risqueur Peter Thiel explique depuis un quart de siècle que les efforts de diversité « peuvent saper la méritocratie, étouffer la liberté d'expression et entraver le progrès véritable [180] ». Alexandr Wang, fondateur d'une start-up d'intelligence artificielle, promeut même un sigle alternatif au DEI de « diversité, équité, inclusion » : MEI, pour « mérite, excellence et intelligence ». « Nous n'embauchons que la meilleure personne pour le poste, nous recherchons et exigeons l'excellence, nous préférons sans hésiter les personnes très intelligentes [...] et nous ne traitons personne comme un membre d'un groupe démographique plutôt que comme un individu », écrit-il [181].

On peut dénoncer cette vision comme une caricature, et ses promoteurs comme des militants d'extrême droite, des partisans de la domination masculine ou des nostalgiques de la ségrégation raciale. C'est sans doute vrai de certains d'entre eux, mais force est de constater que l'objection « méritocratique » aux politiques de diversité revient sans cesse, et pas seulement dans ces milieux. L'une de ses manifestations les plus sournoises est le soupçon d'incompétence qui flotte sur les bénéficiaires de ces politiques, péjorativement appelés *diversity hires* (« alibis de la diversité ») [182].

Sur le site du département de mathématiques pures de l'Université de Waterloo, au Canada, on trouvait récemment deux offres d'emploi pour recruter des « chercheurs exceptionnels ». L'une, pour un professeur d'intelligence artificielle, précise que le poste « n'est ouvert qu'aux personnes qualifiées qui s'identifient comme femmes, transgenres, fluides, non binaires ou deux-esprits » (ce dernier terme désigne, dans certaines cultures autochtones du Canada, une personne qui incarne à la fois les esprits masculin et féminin). L'autre, en informatique, « est ouverte uniquement aux personnes qualifiées qui s'identifient comme membres d'une minorité racisée [183] ».

Cette annonce vous fait sans doute froncer le sourcil. Elle serait évidemment illégale en France. Pourtant, il a bien fallu, pour atteindre la parité dans les conseils d'administration, que certains postes soient réservés aux femmes ; et il faut bien désormais faire de même pour les comités de direction. « Pour certains postes de direction, aujourd'hui, c'est une femme, sinon rien », explique une professionnelle du recrutement de dirigeants. Le fait qu'elle s'exprime anonymement, et que ce critère de recrutement soit chuchoté dans son bureau plutôt que publié dans une annonce, n'y change rien. Par conséquent, ajoute-t-elle, « il y a une génération d'hommes quadragénaires qui pensent qu'ils n'ont aucune chance d'accéder au ComEx ». Il semble difficile de réconcilier cette perception avec les valeurs méritocratiques qu'affichent la plupart des dirigeants.

Les quotas dans les instances de direction soulèvent un deuxième problème. « Pour certains postes », disait cette chasseuse de têtes… Lesquels ? En priorité, les postes fonctionnels. Si l'on analyse la composition des comités exécutifs des 15 plus grandes sociétés françaises (soit un échantillon de 229 personnes), les femmes y représentent 28 % des sièges au total. Mais elles n'ont conquis que 17 % des postes opérationnels. Elles occupent en revanche 47 % des postes fonctionnels (et, parmi ceux-ci, rarement celui des finances) *. Aux hommes, donc, le pilotage des divisions, des usines et des forces de vente. Aux femmes, les ressources humaines, le juridique, le développement durable et les relations extérieures… Une fois de plus, on risque de renforcer les stéréotypes qu'on voulait combattre.

---

* Analyse réalisée en juillet 2024 sur les 15 plus grandes capitalisations du CAC 40 : LVMH, Hermès, L'Oréal, TotalEnergies, Sanofi, Schneider Electric, Airbus Group, EssilorLuxottica, Air Liquide, Safran, Axa, BNP Paribas, Vinci, Stellantis, Dassault Systèmes.

Troisième problème : il n'est pas certain que les quotas produisent les résultats attendus. Bien sûr, depuis que la loi impose un pourcentage de femmes dans les conseils d'administration, on y trouve plus de femmes. Mais l'objectif poursuivi par l'imposition de quotas ne se limitait pas à féminiser les conseils d'administration. Il était, par une sorte de ruissellement, de transformer les organisations dans leur ensemble. Or peu de données confirment la réalité de ce ruissellement. L'économiste Marianne Bertrand et trois de ses collègues ont étudié les effets de la parité dans les conseils d'administration norvégiens quinze ans après son imposition. Leur conclusion : cette réforme « a eu très peu d'impact perceptible sur les femmes dans les entreprises, en dehors de son effet direct sur les femmes qui ont réussi à entrer dans les conseils d'administration ». Rien n'a changé pour les femmes employées dans les sociétés en question, ni pour celles qui sont aussi qualifiées mais qui n'ont pas rejoint de conseils d'administration. Et les femmes plus jeunes ne semblent pas non plus avoir été influencées dans leurs choix de carrière * [185].

Quatrième problème enfin : la mixité n'est pas la seule diversité dont manquent les entreprises. La loi Rixain ne fera pas progresser, par exemple, la diversité ethno-culturelle, ni la représentation des personnes LGBT. Et il n'est ni possible ni souhaitable de créer des quotas pour toutes les populations sous-représentées.

Il faut donc admettre que les quotas ne sont pas une arme absolue. Qu'ils soient indispensables aujourd'hui

* Pour une perspective légèrement différente, voir Flabbi *et al.* (2019) [184].

pour susciter un changement d'approche ne fait pas de doute, si l'on considère le peu de résultats obtenus jusqu'ici. Mais au vu de leurs inconvénients et de leurs limites, en faire la réponse unique et définitive au défi de la diversité risque de conduire à de cruelles désillusions.

MÉRITOCRATIE OU *MIROIROCRATIE* ?

Il faut prendre les mesures contraignantes pour ce qu'elles sont : un pis-aller, un mal nécessaire, et même un aveu d'échec. Si les entreprises ne parviennent pas à obtenir plus de diversité sans cette contrainte, c'est le symptôme d'un mal plus profond : celui d'une méritocratie elle-même déficiente.

On doit à Mitch Kapor, le fondateur de Lotus (l'ancêtre de votre tableur Excel), le néologisme *mirrortocracy*, quasi homophone de *meritocracy*. Kapor appelait « miroirocratie » la tendance des dirigeants de la Silicon Valley à rechercher, sous prétexte de méritocratie, des individus qui leur ressemblent. Exemple extrême : cette stupéfiante déclaration de Mark Zuckerberg, le créateur de Facebook, qui, décrivant longuement ses critères de recrutement, explique qu'il « tien[t] à souligner l'importance d'être jeune ; les jeunes sont tout simplement plus intelligents [186] ».

La sélection miroirocratique ne se limite pas aux start-up. Du directeur commercial qui promeut un chef de ventes régional au PDG qui sélectionne les membres du comité exécutif, chacun a tendance à rechercher les qualités, les compétences, les traits de personnalité qui lui ont permis de réussir. Quand on parle des talents que *doivent* posséder les leaders, on parle généralement des talents qu'*ont* les leaders d'aujourd'hui. La miroirocratie est une machine à reproduire les stéréotypes.

Ce mode de sélection contribue à expliquer l'homogénéité au sommet des grandes organisations. Dans les universités ou les grandes écoles, où la sélection est assez méritocratique, la diversité n'est pas parfaite, mais elle a considérablement progressé. Pour les emplois de débutants dans les entreprises, le recrutement est lui aussi relativement méritocratique, et les disparités reculent. C'est aux échelons supérieurs que les entreprises restent désespérément homogènes : précisément là où la sélection des élites reste essentiellement miroirocratique.

LE QUOTA ET LE MIROIR

Les partisans des quotas ont bien conscience de cette réalité. C'est même le cœur de leur argumentation : pour eux, les quotas doivent permettre de faire émerger des « modèles de rôle » féminins, donc des profils de leaders différents. Ce sont ces profils que la sélection par le miroir se chargera ensuite de reproduire. Dans une miroirocratie, expliquent-ils, ce n'est qu'ainsi qu'on rompra le cercle vicieux des stéréotypes et de la réalité qui se renforcent mutuellement.

La limite de ce raisonnement est justement qu'il considère la miroirocratie comme une fatalité. Tout à l'urgence de remédier au manque de mixité, il prend son parti du mode de sélection qui en est la cause. Il traite le symptôme en se résignant à la maladie.

Procéder ainsi ouvre grand la porte au retour de balancier antidiversité. Car l'argument des « anti-DEI » se résume simplement : « Dans un monde où les talents sont également répartis, la méritocratie produit naturellement de la diversité ; donc si l'on impose un quota de femmes, c'est au détriment d'hommes plus méritants qu'elles. » Si cette critique semble d'une logique implacable, c'est parce qu'elle présume que la méritocratie est efficace et réelle. Pour la réfuter, il est indispensable de reconnaître que *la prétendue méritocratie n'en est pas une* : c'est en réalité une miroirocratie aux critères biaisés. Ne pas l'admettre, et imposer des quotas sans dénoncer et revoir simultanément le mode de sélection des élites, est un pari hasardeux, voire délétère pour la cohésion de l'entreprise.

Répétons-le : la lenteur désespérante à laquelle progresse la mixité a rendu certains quotas nécessaires. L'erreur consisterait à croire qu'ils sont suffisants. Les entreprises qui se contenteront de s'y plier à contrecœur rechercheront, miroirocratie oblige, des dirigeantes conformes aux stéréotypes classiques du leadership. Si elles n'en trouvent pas assez, il leur restera toujours la possibilité (déjà exploitée par certaines [349]) d'élargir leurs comités de direction pour y inclure des fonctions qui n'y étaient pas représentées, et les confier à des femmes. On peut respecter à la lettre les lois sur les quotas en en ignorant l'esprit.

D'autres, au contraire, prendront les quotas pour ce qu'ils doivent être : une opportunité, un catalyseur, un électrochoc qui les pousse à se remettre en question.

Ces entreprises-là s'interrogeront sur la manière dont elles sélectionnent leurs dirigeants et sur leur conception du leadership.

Car la reproduction miroirocratique n'est pas seulement inégalitaire : elle est aussi imparfaite. Le dirigeant qui a réussi en affichant son ambition et sa confiance en soi, en prenant des risques dans sa carrière, en manifestant à chaque occasion son agressivité et son goût de la compétition, croit bien sûr que ces qualités sont nécessaires. En réalité, comme la troisième partie de ce livre va le montrer, elles ne le sont généralement pas. Continuer à les rechercher, que ce soit chez des femmes ou chez des hommes, nous condamne à reproduire un modèle inefficace et périmé.

Le mérite ne consiste pas à faire partie d'un quota, mais il ne se juge pas non plus en regardant dans le miroir.

III

Les stéréotypes du leadership

À quoi reconnaît-on un leader ? – La confiance en soi – Vrais et faux imposteurs – Les dangers du charisme – Le goût de la compétition – La mesure du « potentiel »

10

À QUOI RECONNAÎT-ON LES LEADERS ?

Lors d'une récente conférence consacrée à la mixité dans les instances de direction, une dirigeante du secteur public partageait son expérience. « Lorsque j'ai dû composer mon équipe, expliquait-elle en substance, j'ai aussitôt reçu des CV d'hommes. Tous s'estimaient parfaitement qualifiés, au point que certains posaient déjà leurs conditions quant à l'intitulé de leur poste ou à leurs perspectives de carrière. Et s'ils ne recevaient pas de réponse, ils me relançaient tous les trois jours. Mais les femmes, même quand elles étaient tout aussi qualifiées, ne se manifestaient pas : elles attendaient que quelqu'un les recommande. Et quand je finissais par les recevoir, elles m'expliquaient aussitôt pourquoi elles n'étaient peut-être pas tout à fait prêtes pour un poste aussi important. »

Si ce témoignage vous semble familier, c'est que vous en avez déjà entendu une variante, à moins que vous ne l'ayez vous-même vécu. Beaucoup de celles et ceux qui ont à cœur de promouvoir des femmes dans leurs entreprises ont pu observer des hommes qui se mettent en avant et surestiment leurs compétences, et des femmes qui semblent tomber dans l'excès contraire. Celles-ci semblent se conformer aux stéréotypes féminins : déférentes, soucieuses d'harmonie, elles répugnent à se mettre en avant.

PLUTÔT QUE LES STÉRÉOTYPES DE GENRE, CEUX DU LEADERSHIP

La dirigeante qui témoignait a résolu ce problème en allant activement chercher des candidates pour compléter son équipe (et elle en a trouvé d'excellentes). Mais le processus de recrutement qu'elle a suivi mérite qu'on s'y arrête. Sa démarche initiale, qui n'est pas atypique, fait la part belle à l'initiative des candidats, à leur confiance en eux (justifiée ou non), à leur ténacité et à leur capacité de négociation. On déplore à juste titre que ce processus pénalise les femmes (et sans doute les candidats issus de groupes minoritaires). Une autre question mérite pourtant d'être posée : *ce processus sélectionne-t-il les meilleurs candidats ?* Dans la fiche de poste décrivant les traits de personnalité souhaitables chez ses futurs collègues, notre dirigeante avait-elle écrit « propension à se pousser du col, esprit de compétition, surestimation de soi, individualisme, obstination » ? Et si (comme on s'en doute) ce n'est pas le cas, pourquoi, alors, sa méthode initiale de recrutement, qui est peut-être aussi la vôtre, valorise-t-elle précisément ces « qualités » ?

La réponse à cette question tient à un stéréotype : celui du poste pour lequel cette dirigeante recrute. De même qu'il existe des stéréotypes sur les femmes, les Maghrébins, les personnes en situation de handicap ou les homosexuels, il en existe sur les ingénieurs, les directeurs de la logistique, ou les DRH. Et bien sûr, sur les PDG, les entrepreneurs, et les « leaders » en général. Ces stéréotypes persistent parce qu'ils reproduisent de manière « miroirocratique » le profil des dirigeants passés, et parce qu'ils ne sont pas remis en cause.

Cette dirigeante – comme pratiquement tous ceux qui sont dans cette situation – fait donc face à un double problème. Le biais de genre qu'elle constate est bien réel. Il tient pour partie aux *stéréotypes de genre*, dont elle a conscience et qu'elle combat. Mais il tient surtout à ses propres *stéréotypes sur le leadership*.

LES QUALITÉS D'UN LEADER ?

Ce sont ces stéréotypes sur le leadership qu'il faut remettre en question. Parce qu'ils pénalisent les femmes et les minorités, bien sûr. *Mais aussi parce qu'ils sont nuisibles à tout le monde.* Les qualités qu'on recherche chez les aspirants aux postes de direction reflètent des croyances fausses sur ce qui fait en réalité le succès des leaders. Et quand nous définissons le leadership et identifions les leaders sur la base de ces croyances, nous ne sélectionnons tout simplement pas les meilleurs.

Les chapitres qui suivent explorent quelques-unes de ces croyances erronées sur le leadership. La première, et sans doute la plus importante, est la confusion entre la *confiance en soi* et la compétence. Qui n'a jamais été ébloui, dans un entretien de recrutement, par un candidat qui raconte ses succès avec la tranquille assurance de ceux à qui tout réussit ? Qui ne préfère pas, dans une réunion de travail, la personne qui propose d'aller de l'avant à celle qui souligne les risques ? Nous sommes tellement convaincus qu'une confiance en soi inaltérable est indispensable à la réussite qu'on a inventé une « pathologie » pour celles et ceux qui en manquent, le « syndrome de l'imposteur ».

Une deuxième erreur consiste à rechercher le *charisme*, souvent associé à la « vision » du leader. Hélas, le charisme est une notion dangereusement floue. Et, pour autant qu'on puisse le définir, il n'a que des rapports assez lointains avec l'efficacité managériale. Circonstance aggravante : c'est dans les périodes de crise que nous sommes le plus sensibles aux leaders charismatiques, ce qui explique, en politique comme en affaires, la tentation de recourir à des « hommes providentiels » (curieusement, on parle rarement de « femmes providentielles »).

Troisième erreur : dans pratiquement toutes les professions, le parcours qui permet d'accéder aux plus hautes fonctions est structuré, décrit et vécu comme une *compétition*. Nous attendons des futurs leaders non seulement qu'ils prennent part à cette compétition, mais qu'ils s'en délectent : qu'ils affichent leur ambition, qu'ils posent proactivement leur candidature quand ils entendent parler d'un poste qui n'est pas encore ouvert, qu'ils se portent volontaires pour les missions difficiles, qu'ils prennent des risques dans leur gestion de carrière… Le futur leader, c'est celui qui « en veut ». Pourtant, là non plus, il n'est pas certain que les qualités qui permettent de gagner la compétition soient celles qui font du gagnant un bon dirigeant.

Dernière erreur enfin : à chaque étape d'une carrière, et en particulier au moment d'une promotion importante, il faut évaluer non seulement les contributions passées d'un individu, mais surtout ses chances de succès futur. Le terme consacré est généralement celui de *potentiel.* Mais ce potentiel, que tous les dirigeants se font fort d'évaluer chez leurs subordonnés, s'avère extraordinairement difficile à identifier et à mesurer.

Tomas Chamorro-Premuzic, qui enseigne au University College London, a donné pour titre à l'un de ses livres une question provocatrice : « Pourquoi tant d'hommes incompétents deviennent-ils des leaders ? » [187]. La réponse tient à ces croyances : confiance en soi, charisme, goût pour la compétition, potentiel (et quelques autres). Ces caractéristiques que nous associons communément aux leaders, ces stéréotypes du leadership, ne sont en réalité pas déterminants, ni même, bien souvent, nécessaires. Ce sont, en revanche, des stéréotypes solidement masculins.

LE « LEADERSHIP AU FÉMININ » ?

La critique de ces stéréotypes, et d'un certain leadership « macho », conduit parfois à promouvoir, en réaction, des valeurs « féminines ». Selon le contexte, on parle des « qualités féminines » dont les entreprises auraient besoin, d'un « style de management féminin », voire d'un « leadership au féminin ». Dans tous les cas, il s'agit de prendre le contre-pied du modèle caricatural de leadership masculin, en valorisant les « *soft skills* » d'empathie et d'intelligence émotionnelle (qui, on l'a vu, sont effectivement plus présents chez les femmes), ou encore d'intuition [131, 188].

Ce discours a un mérite : celui de remettre en cause la pertinence de certains traits de personnalité et styles de management stéréotypiquement masculins, et de mettre en valeur d'autres qualités, effectivement associées à un leadership plus efficace. Mais l'essentialisme inhérent à cette argumentation est aussi gênant que celui qui valorise des « qualités masculines ». Pourquoi créer un nouveau stéréotype, celui du « leadership féminin » ? Ne peut-on pas parler d'intelligence émotionnelle sans en faire une qualité intrinsèquement féminine, comme on devrait parler de courage sans en faire une vertu mâle ? Pourquoi, en somme, retomber aussitôt dans le piège qu'on dénonce ?

Qui plus est, parler de leadership féminin risque aussi de renforcer certains stéréotypes… masculins. Car tous les stéréotypes ont leur revers. Si on se félicite que les femmes se distinguent par leurs « *soft skills* », sans doute en recherchera-t-on une pour apaiser des tensions dans une équipe… mais que répondra-t-on à la chasseuse de têtes qui les exclut de sa recherche quand elle cherche un redresseur pour une entreprise en difficulté ? Et si l'on met en avant la prudence et la sagesse féminines pour confier à une femme la gestion d'une banque de détail, pourra-t-on s'étonner que les fondateurs de start-up soient majoritairement des hommes ? En mettant en avant de nouveaux stéréotypes qui se veulent positifs, bienveillants, voire antisexistes, on perpétue aussi des stéréotypes nuisibles.

Le problème n'est pas un stéréotype en particulier, stéréotype qu'il suffirait de remplacer par un autre : *c'est le fait que notre conception du leadership soit stéréotypée.* Laisser des stéréotypes dicter nos choix nous expose à un double problème, celui de la dirigeante dont l'exemple ouvrait ce chapitre : non seulement elle ne parvient pas à recruter des femmes, mais en plus, les hommes qu'elle recrute risquent fort de ne pas être les bons.

Il existe une autre raison capitale de s'attaquer en priorité aux stéréotypes du leadership : c'est possible ! Nous avons déjà souligné que les stéréotypes ont la vie dure, et ceux du leadership ne font pas exception. Mais ces stéréotypes se matérialisent dans des pratiques concrètes. Ils s'incarnent dans des règles, des routines, des processus de décision : la pratique qui consiste à laisser les jeunes recrues négocier leur salaire d'entrée, ou l'habitude de s'en remettre aux candidatures spontanées pour composer une équipe de direction, en sont des exemples. Certaines de ces pratiques peuvent être modifiées rapidement – en tout cas plus rapidement que les mentalités d'une entreprise tout entière, ou a fortiori celles de la société dans son ensemble. On ne peut pas faire disparaître les stéréotypes du leadership d'un coup de baguette magique, mais on peut changer les méthodes qui leur laissent libre cours.

Tous les stéréotypes sont nuisibles. Mais ceux du leadership sont plus faciles à modifier.

11

LA BONNE CONFIANCE ET LA MAUVAISE CONFIANCE

On demandait un jour à Richard Branson, le fondateur de Virgin et de nombreuses autres entreprises, à quoi il devait sa réussite. Sa réponse : l'optimisme, « ingrédient secret » de son succès.

Le secret ne doit pas être bien gardé, car beaucoup de dirigeants pourraient faire la même observation. L'optimisme est un des traits de caractère que mesurent tous les questionnaires sur le leadership. Tous les guides à l'usage des leaders les exhortent avant tout à croire en eux-mêmes. Et les manuels de développement personnel regorgent de conseils pour « visualiser le succès », voire « pratiquer l'autosuggestion positive », digne héritière de la méthode Coué.

Dans le même temps, cependant, un autre répertoire de conseils met en garde les dirigeants : gare au *biais d'excès de confiance* ! L'exemple le plus connu de ce biais repose sur des études datant des années 1970 : lorsqu'on vous demande si vous appartenez à la moitié de la population qui conduit mieux que l'autre moitié, vous répondrez sans doute par l'affirmative, comme environ 80 % à 90 % des personnes à qui l'on pose cette question [189]. Comme il est évidemment impossible que tous aient raison, une bonne partie d'entre nous sommes « surconfiants ». C'est vrai dans l'exemple de la conduite, mais aussi sur un grand nombre d'auto-évaluations, allant du sens de l'humour à l'intégrité personnelle *.

Les conséquences de ce biais peuvent être sérieuses, et même désastreuses. Nos prévisions sont souvent trop optimistes ; nous sous-estimons systématiquement le temps et le budget nécessaires à la réalisation d'un projet, et nous en sous-évaluons les risques **. Du *Titanic* à Tchernobyl, de l'explosion de la navette spatiale *Challenger* à celle de la plateforme Deepwater Horizon, de la crise de 1929 à celle de 2008, il n'est pas de catastrophe qui n'ait été imputée à l'excès d'optimisme des décideurs et à leur trop haute idée d'eux-mêmes [190, 191].

NI TROP CONFIANT, NI TROP PEU ?

La conclusion qui semble s'imposer est donc qu'il faut rechercher un juste milieu : être confiant mais pas

* La tendance à se surestimer disparaît, et s'inverse même, quand la question porte sur des tâches difficiles ou peu familières. La grande majorité des gens répondent ainsi qu'ils jonglent moins bien que la moyenne. Pour une explication de cette nuance, voir Moore (2020) [190].

** C'est le « biais du planificateur ». Outre l'excès de confiance des décideurs, d'autres explications y concourent [135].

présomptueux ; sûr de soi sans être péremptoire ; optimiste mais pas naïf. A posteriori, la distinction est facile : quand un patron a pris un pari stratégique risqué et réussi, nous célébrons sa vision, son audace et son esprit de conquête ; quand il n'obtient pas les résultats escomptés, nous dénonçons son hubris et son excès de confiance. Mais c'est *avant* que les résultats ne soient connus que nous avons besoin de savoir si l'optimisme est ou non justifié… et, là, il est beaucoup plus difficile de distinguer la saine confiance en soi de l'illusion dangereuse [192].

En pratique, la quête du juste milieu se traduit donc plutôt par un pattern bien connu d'excès et de corrections. Un dirigeant apparemment idéal est nommé : il sait prendre des risques (« lui, c'est un visionnaire »). Jusqu'au jour, inéluctable, où il échoue de manière spectaculaire (« il a pris la grosse tête »). Il est alors remplacé par quelqu'un de plus prudent, qui a d'ailleurs des chances d'être une dirigeante, car on nomme plus souvent une femme quand la situation est difficile (c'est le phénomène de la *falaise de verre* [193]). Une fois le calme revenu vient le moment de repartir de l'avant, de faire preuve à nouveau d'un optimisme conquérant ; et pour cela, bien sûr, de nommer un nouveau leader (« c'était une bonne gestionnaire, mais il est temps de redynamiser l'organisation »). Et le cycle recommence.

Il existe une manière de sortir de ce piège. C'est de réaliser qu'il n'y a pas qu'une seule confiance, dont il faudrait trouver le bon dosage. Il y en a au moins deux sortes : une bonne et une mauvaise. Et le « mix » de ces deux sortes de confiance n'est pas le même chez les hommes et chez les femmes.

LES DEUX SORTES DE CONFIANCE

Si la confiance en soi, dans la vie professionnelle comme dans la vie privée, est un atout, c'est pour une raison évidente : elle nous fait aller de l'avant. Si vous n'étiez pas confiante dans votre capacité à réaliser vos projets, vous ne les entreprendriez pas. Même la surestimation de soi vaut sans doute mieux que l'erreur inverse : le pessimisme, l'aversion à la prise de risque, la frilosité irrationnelle ne sont utiles à personne. L'optimisme est une bonne heuristique, un bon raccourci pour prendre les bonnes décisions sans réfléchir trop longtemps.

Les avantages des biais optimistes sont particulièrement évidents pour un leader, qui, par définition, doit donner aux autres l'envie de le suivre. Pour les inspirer, les faire adhérer à sa vision, il faut d'abord y croire soi-même. Napoléon, paraît-il, le disait déjà : « Un chef est un marchand d'espérance. »

La littérature scientifique confirme cette intuition. En utilisant des mesures objectives de comportement pour identifier les PDG « surconfiants », certaines études affirment que ceux-ci obtiennent de meilleurs résultats dans leurs activités de R&D, fidélisent mieux leurs fournisseurs, et motivent plus leurs employés [194, 195]. L'excès de confiance est, d'ailleurs, encore plus répandu chez les entrepreneurs que chez les PDG salariés [196]. L'optimisme du « marchand d'espérance », même excessif, semble profiter aux leaders.

Là où la recherche nous met en garde contre les ravages de l'excès de confiance et des biais optimistes chez les dirigeants, c'est dans des situations bien précises : les acquisitions qu'on surpaie parce qu'on en surestime les synergies [197], les nouveaux produits qu'on lance parce qu'on est trop optimiste en en prévoyant la demande [198]... Dans ces situations-là, trop d'optimisme fait faire de graves erreurs.

Les effets opposés de la confiance dans ces exemples illustrent une distinction fondamentale entre deux types de situations – et deux types de confiance [190]. Quand la question porte sur un avenir que nous pouvons influencer (comme un projet de R&D), nous devons croire à nos chances et entraîner ceux qui nous suivent à donner le meilleur d'eux-mêmes. Ce qu'il faut, c'est de la *confiance en soi*, de l'optimisme sur l'avenir, de la foi dans ses propres talents. Et il en faut beaucoup.

En revanche, quand la situation dépend de réalités que nous ne contrôlons pas (comme la demande pour un produit), nous devons d'abord être lucides. Personne ne gagne à prendre ses croyances pour des certitudes, ni ses rêves pour des réalités. Le degré de confiance que nous avons dans ce que nous croyons savoir, c'est la confiance *épistémique* (l'adjectif désigne ce qui a trait à la connaissance). Et *l'excès de confiance épistémique* consiste donc à sous-estimer l'incertitude, à croire que nous savons alors que nous ne sommes pas sûrs *.

* L'excès de confiance épistémique ne doit pas être confondu avec l'optimisme : on peut être trop confiant dans une prévision optimiste, mais aussi dans une prévision pessimiste. Un exemple extrême est celui des sectes dont les adeptes croient dur comme fer que la fin du monde est imminente.

L'excès de confiance épistémique est extrêmement répandu, plus encore que l'excès de confiance en soi. Nous connaissons tous des personnes qui ne se surestiment pas, et même qui manquent de confiance en elles. Mais, en l'absence d'un entraînement spécifique, pratiquement personne n'échappe à l'excès de confiance épistémique. Nous avons par exemple presque tous trop confiance dans notre capacité à faire des estimations ou des prévisions, et dans la précision avec laquelle nous pouvons les formuler [199]. Et surtout, tandis qu'on voit bien les avantages de l'optimisme et de la confiance en soi, croire qu'on sait alors qu'on ne sait pas n'a que des inconvénients. Comme l'écrivait Mark Twain, « ce qui nous fiche dedans, ce n'est pas ce que nous ne savons pas. C'est ce dont nous sommes sûrs, alors que ça n'est pas vrai ».

GRANDE CONFIANCE EN SOI, FAIBLE CONFIANCE ÉPISTÉMIQUE

Mais peut-on vraiment dissocier ces deux types de confiance ? Peut-on avoir réellement confiance dans ses compétences et dans ses projets, tout en restant humble sur ce que l'on ne sait pas ?

Oui, suggère l'autrice Julia Galef [200]. Parmi les exemples qu'elle cite : Benjamin Franklin, modèle quasi légendaire de leadership, qui nuançait pourtant toujours ses propos, au point de s'interdire l'usage d'expressions comme « certainement » et « sans aucun doute ». Plus près de nous, Jeff Bezos, qui, levant des fonds au lancement d'Amazon, expliquait à ses investisseurs : « Il y a 70 % de probabilité que vous perdiez tout votre argent, donc n'investissez que si vous pouvez vous le permettre. »

Voilà le genre de propos qu'on n'a pas l'habitude d'associer aux grands leaders. Pourtant, ils n'entamaient ni le crédit de Franklin, ni la capacité de Bezos à lever des fonds. Car l'un et l'autre savaient expliquer la raison de leurs doutes : l'incertitude *sur la réalité*, pas sur leurs compétences ou leurs convictions.

Bezos expliquait, par exemple : « Si vous aviez investi dans les pionniers du PC en 1980, vous n'auriez pas forcément choisi les gagnants. » C'est donc de l'incertitude *du monde* qu'il parlait, pas d'un manque de confiance *en lui*. Il ne manquait pas d'optimisme : à la même époque, il déclarait que « dans mille ans, les gens regarderont notre époque et diront que c'était un super moment pour être vivant sur cette planète ». Il ne se sous-estimait pas : au moment où il créait son entreprise, il se serait sans doute autoévalué (à juste titre) comme faisant partie des meilleurs entrepreneurs sur la ligne de départ. Mais il avait pleinement conscience du fait qu'en matière de création d'entreprise, le succès n'est garanti pour personne.

Ce que démontre Bezos, c'est qu'un leader peut afficher à la fois une grande *confiance en soi* et une réelle *humilité épistémique*. Il peut conjuguer une grande confiance dans son aptitude à gérer ce qui est maîtrisable avec une totale lucidité sur son incapacité à prévoir ce qui ne l'est pas. Confiance en soi : si c'est faisable, nous le ferons. Mais humilité épistémique : je ne sais pas ce qui va advenir, parce que personne ne peut le savoir.

Cette posture est rare chez les leaders, qui croient trop souvent qu'on attend d'eux des certitudes inébranlables. Elle a pourtant de nombreux avantages. Le principal est qu'en pratiquant l'humilité épistémique, on se réserve la possibilité de changer d'avis à la lumière de faits nouveaux. Jeff Bezos résume cette philosophie en un aphorisme : « Les gens qui ont souvent raison changent souvent d'avis. »

OUI, LES FEMMES ONT (UN PEU) MOINS CONFIANCE EN ELLES, MAIS...

La distinction entre les deux types de confiance éclaire d'un jour nouveau l'observation fréquente selon laquelle la confiance en soi serait « genrée ». Les femmes manqueraient de confiance en elles, même quand elles sont compétentes, tandis que les hommes seraient sujets à l'excès de confiance, même quand cette confiance ne repose sur rien. Mais est-ce vrai ?

À première vue, les données suggèrent que oui. Les études classiques sur la surestimation de soi chez les conducteurs montrent par exemple que les femmes se surestiment un peu moins que les hommes (d'une dizaine de points de pourcentage). Or, tous les assureurs le savent, elles sont en réalité bien moins dangereuses au volant. L'affaire semble donc entendue : l'excès de confiance est un problème, et c'est un problème masculin.

Mais à y regarder de plus près, cette conclusion est un peu hâtive. Comme c'était déjà le cas à propos de l'appétit pour le risque, elle confond le trait qu'on cherche à mesurer avec la tâche qui lui sert de support. Car la conduite automobile évoque un stéréotype masculin. Quand on mesure l'excès de confiance sur des sujets neutres ou stéréotypiquement féminins (cuisine, art), la différence entre hommes et femmes disparaît [201, 202]. Ce n'est pas la confiance qui est « genrée » : c'est la tâche sur laquelle on la mesure qui évoque un stéréotype de genre.

D'autres manières de mesurer la confiance en soi confirment que les écarts entre hommes et femmes sont faibles. Une équipe de chercheurs suédois a par exemple demandé à des étudiants en économie, à la fin d'un examen, de répondre à une question « bonus » qui ne leur rapporte de points que si les réponses aux questions précédentes étaient déjà bonnes. C'est une bonne mesure d'excès de confiance : si l'on répond à la question bonus alors qu'on n'a pas bien répondu aux questions principales, on se surestime. Or, si 49 % des hommes tombent effectivement dans ce travers, le chiffre équivalent pour les femmes est de 42 %. La différence est statistiquement significative, mais en pratique, pas spectaculaire *. Qui plus est, les différences entre genres disparaissent totalement chez les répondants de 26 ans ou plus, qui représentent la moitié de l'échantillon [203].

Une autre série d'observations porte sur les comportements des femmes en matière de création d'entreprise, domaine où la confiance dans son projet et la

* Si l'on considère au contraire les candidats qui se sous-estiment, c'est-à-dire qui ne tentent pas la question bonus alors que leurs réponses précédentes le justifieraient, l'effet est similaire (les femmes sont plus nombreuses que les hommes à se sous-estimer), mais la différence est encore faible (16 % contre 13 %).

capacité à le vendre sont des ingrédients essentiels du succès. La très grande majorité des créateurs d'entreprise financés par le capital-risque sont des hommes. En 2023, les start-up fondées par des femmes ne représentaient que 7 % des entreprises financées et 2 % des fonds levés en Europe et aux États-Unis *[204]. Ce n'est pas parce que le taux de rejet des projets féminins serait plus élevé : l'écart de financement provient en grande partie d'une plus faible demande de la part des fondatrices[205]. Manifestement, des hommes sous-qualifiés tentent leur chance, tandis que des femmes aussi compétentes s'abstiennent.

Mais est-ce forcément le signe d'un manque de confiance en soi de la part de ces femmes ? Au vu de ces chiffres, on pourrait comprendre qu'une entrepreneuse en herbe, même si elle a une très grande confiance en son projet, renonce à aller le « pitcher » aux fonds de capital-risque. À quoi bon perdre son temps ? Si les créatrices d'entreprise estiment, au vu des données, que les capital-risqueurs (qui sont à 80-90 % des hommes[206]) sont trop sexistes pour se rendre compte de leurs compétences réelles, il est logique qu'elles préfèrent se tourner vers d'autres sources de financement, voire d'autres projets. N'en déplaise à ceux qui répètent comme un mantra la devise de Guillaume d'Orange, il est évidemment nécessaire d'espérer pour entreprendre.

---

* Les équipes mixtes comprenant des co-fondatrices représentent 19,4 % des entreprises et 17 % des fonds levés, ce qui est bien sûr plus encourageant. Reste que 81 % du capital est donc alloué à des start-up dont les fondateurs sont exclusivement des hommes.

En somme, s'il existe des différences de confiance en soi entre les hommes et les femmes, ces différences sont très modestes. Et quand les femmes, dans des domaines « genrés » au masculin, semblent en retrait, ce n'est pas forcément une question de personnalité : dans un environnement qu'elles perçoivent comme sexiste, il est rationnel de leur part de manifester moins de confiance en elles.

LES HOMMES ONT (UN PEU) PLUS DE SURCONFIANCE ÉPISTÉMIQUE

Le tableau est tout aussi nuancé quant à l'excès de confiance épistémique. Quand les hommes sont « sûrs à 80 % » d'une estimation (ce qui veut dire qu'ils devraient avoir raison 80 % du temps), ils n'ont en fait raison que dans 51 % des cas. Pour les femmes, c'est 60 % : elles sont moins surconfiantes, mais pas dans des proportions spectaculaires [207]. D'autres études confirment que les hommes sont particulièrement surconfiants quand ils se trompent, et que les femmes le sont un peu moins [208, 209].

On peut aussi chercher dans la vie réelle des comportements qui reflètent l'excès de confiance épistémique. L'exemple le plus évident est celui du « boursicotage » : pour les chercheurs en finance, il est acquis depuis longtemps qu'un investisseur individuel n'a pas intérêt à chercher à « battre le marché » [210]. La quantité d'opérations qu'il réalise en Bourse est donc une mesure d'excès de confiance : c'est parce qu'il est (trop) sûr de connaître la valeur future d'une action qu'il va l'acheter ou la vendre. Et, de fait, une étude portant sur les finances de 35 000 foyers a montré que les hommes achètent et vendent 45 % plus souvent que les femmes, erreur qui leur coûte presque 1 point de pourcentage en rendement annuel [211]. Mais là encore, le stéréotype du financier est masculin, ce qui peut expliquer les différences de confiance.

En matière de surconfiance epistémique, donc, on retrouve, comme pour la confiance en soi, une différence entre hommes et femmes. Mais là aussi, cette différence est relativement modeste. Et surtout, ce que révèlent les études est bien que *tout le monde* se croit plus « sachant » qu'il ne l'est réellement. En d'autres termes, ce n'est pas que les femmes manquent de confiance épistémique : c'est que les hommes en ont trop, et que les femmes tombent un peu moins dans ce travers.

Le conseil sans cesse prodigué aux femmes par les émules de Sheryl Sandberg (« ayez confiance en vous ! ») doit donc être nuancé. Ce qu'il faudrait plutôt leur conseiller, c'est de *manifester* plus de confiance en elles et dans l'avenir, mais pas d'être plus sûres de ce qu'elles croient. Plus de confiance visible, moins de confiance épistémique : c'est, en somme, exactement le même conseil qu'il faut donner aux hommes…

Les femmes n'ont pas beaucoup moins confiance en elles que les hommes. Et quand c'est le cas, c'est souvent parce que les hommes sont trop sûrs d'eux.

12

LE SYNDROME... ET LES VRAIS IMPOSTEURS

Vous avez une belle carrière, qui dépasse toutes vos espérances. On parle de votre réussite avec respect. Vous êtes un modèle pour les jeunes.

Et pourtant, quelque chose ne va pas. Personne ne s'en doute, mais vous éprouvez le sentiment tenace que cette réussite n'est pas le fruit de votre talent, ni de votre mérite. Vous pensez que des tas de gens plus qualifiés que vous mériteraient votre poste. Si c'est vous qui l'occupez, vous le devez à la chance, comme un joueur de Monopoly qui aurait tiré la carte « Erreur de la banque en votre faveur ». Quand on vous félicite, vous vous sentez mal à l'aise. Et après chaque vente réussie ou chaque présentation qui s'est bien passée, vous poussez un secret soupir de soulagement : « Ouf, ils ne se sont rendu compte de rien. »

Car, dans votre for intérieur, vous le savez : votre réussite est un vaste malentendu. Déjà, à l'école, après chaque examen, vous pensiez avoir lamentablement échoué, et vous n'en reveniez pas quand la note, excellente, tombait. Vous avez beau continuer à faire illusion, vous savez bien que la façade ne tiendra pas éternellement. Un jour viendra, forcément, où votre masque va tomber, où un spectateur va passer le doigt à travers le carton-pâte de votre mise en scène. Vous vivez dans la terreur de ce jour, celui où la mystification prendra fin.

LE SYNDROME DE L'IMPOSTEUR

Si cette description vous parle, vous souffrez du « syndrome de l'imposteur ». Décrit pour la première fois en 1978 par deux psychologues américaines, Pauline Clance et Suzanne Imes, et popularisé quelques années plus tard par un livre à succès, le syndrome correspond au ressenti d'un grand nombre de personnes, dans les entreprises, mais aussi dans l'administration, la médecine, le monde universitaire – bref, partout. Et ces personnes sont surtout des femmes : Clance et Imes parlaient dès le titre de leur article original des « femmes à succès » (*high achieving women*). Pour réussir, ces femmes vont donc devoir se défaire de cet encombrant syndrome.

De fait, beaucoup de femmes, en lisant la description de l'« imposture », s'y reconnaissent comme dans un miroir. Sur les réseaux sociaux et les podcasts, elles racontent leur soulagement (« Je ne suis donc pas la seule ! ») et partagent leurs recettes pour faire face. Une journaliste enquêtant sur le phénomène raconte comment, après un appel à témoignages sur les réseaux sociaux, son courrier a été saturé de messages… avant de confesser elle-même aux personnes qu'elle interviewe qu'elle vit dans la terreur de leur poser les mauvaises questions, révélant ainsi qu'elle n'est pas une « vraie » journaliste[212].

De la poétesse Maya Angelou à Michelle Obama en passant par la juge à la Cour suprême Sonia Sotomayor, de nombreuses personnalités au succès incontesté ont aussi partagé leur sentiment d'imposture. Car le succès ne le guérit pas. Au contraire, plus on s'élève dans la hiérarchie, et plus la terreur de la chute grandit. Ce qui peut, paradoxalement, favoriser la réussite : celle qui travaille plus dur pour retarder le moment où elle sera démasquée en recueillera probablement les fruits – au prix, bien sûr, d'une souffrance importante.

VRAI SYNDROME, OU SENTIMENT NORMAL ?

En dépit de son omniprésence, le phénomène demeure difficile à mesurer précisément. Les données disponibles donnent des chiffres variables, et souvent élevés : il affecterait 53 % des femmes selon une étude anglaise de 2023 ; 75 % selon une étude réalisée aux États-Unis par une société de conseil ; et même, en Italie, 81 % des jeunes neurochirurgiens[213-215]. Une revue systématique de la littérature scientifique sur le sujet a recensé 62 articles[216]. Aucun consensus ne s'en dégage : la prévalence du ressenti d'imposture varie entre... 9 % et 82 % !

Cette étonnante variabilité s'explique par des différences techniques de méthode, mais surtout par une question fondamentale : *dans quelle mesure le sentiment d'imposture est-il pathologique ?* À cette question, la réponse est complètement différente selon qu'on la cherche dans la presse grand public ou dans les revues scientifiques. Pour les magazines, les réseaux sociaux, et les centaines de livres consacrés au sujet, il existe bien un « syndrome » ou « complexe » de l'imposteur, que les lectrices peuvent autodiagnostiquer, et que les entreprises devraient dépister. Il est donc urgent de « surmonter », « éliminer », « vaincre » ou « guérir » le syndrome de l'imposteur. Même France Travail lui consacre une page sur son site destiné aux demandeurs d'emploi ! Pour ce faire, les conseils les plus fréquents empruntent au registre habituel de la pensée positive et du développement personnel : vous en ouvrir à vos amis, tenir un inventaire de vos forces et de vos réussites, fermer les yeux pour visualiser vos futurs succès, et même, pourquoi pas, penser à vous tenir droite et à faire du sport.

La littérature scientifique, quant à elle, est beaucoup plus circonspecte. Quasi systématiquement, elle parle de *phénomène* d'imposture. C'est ce que faisaient déjà Clance et Imes, qui ont toujours rejeté l'emploi du mot *syndrome*. Selon elles, l'imposture n'est pas une maladie à soigner, mais un ressenti qu'il faut au contraire apprendre à considérer comme normal. Aucun traitement spécifique des symptômes d'imposture n'a été validé : les articles consacrés au phénomène se bornent à rappeler que l'anxiété et la dépression l'accompagnent souvent, et doivent être diagnostiquées et traitées en tant que telles.

On prend la mesure concrète de ce grand écart en consultant les questionnaires sur le ressenti d'imposture. L'échelle de Clance [217], qui est le plus souvent utilisée, comprend certains items qui mesurent spécifiquement la peur débilitante d'être démasquée (« Parfois, j'ai peur que les autres découvrent à quel point je manque de connaissances ou d'aptitudes »). Mais elle vous soumettra aussi des propositions moins problématiques : « Il m'arrive de penser que j'ai obtenu mon poste actuel parce que je me trouvais au bon endroit au bon moment ou parce que je connaissais les bonnes personnes » ; ou encore « De temps en temps, j'ai l'impression que mon succès doit beaucoup à la chance ». Elle vous demandera même si, quand vous vous attendez à une promotion, vous préférez attendre qu'elle soit confirmée avant d'en parler à tout le monde…

Si ce sont là ses symptômes, rien d'étonnant à ce que le « syndrome » soit si répandu. En fait, le ressenti d'imposture est un continuum. Certaines sources placent la barre assez haut, et n'incluent donc que les personnes qui souffrent d'une anxiété paralysante. D'autres mesurent un mélange d'humilité, de saine inquiétude, et de prudence, qui n'a rien de pathologique, au contraire.

UN PROBLÈME FÉMININ, VRAIMENT ?

Le même flou prévaut quand on se demande dans quelle mesure le ressenti d'imposture est « genré ». Puisque le phénomène d'imposture était, au départ, décrit comme essentiellement féminin, la plupart des études se sont concentrées sur des populations de femmes. Mais une trentaine d'études ont interrogé à la fois des femmes et des hommes, en utilisant les mêmes échelles et les mêmes définitions. La moitié de ces études conclut que le ressenti d'imposture est plus fréquent chez les femmes ; l'autre moitié, au contraire, qu'il n'y a pas de différence significative entre les sexes.

Qui plus est, on retrouve ici ce qu'on a déjà observé sur d'autres sujets : même quand les études trouvent des différences entre femmes et hommes, ces différences ne sont pas aussi considérables qu'on l'imagine souvent. En France, sur 3 000 personnes interrogées en 2024 par la newsletter *Time to Sign Off*, 39 % se reconnaissent « assez » ou « complètement » dans la phrase : « Je trouve que mon succès n'est pas pleinement mérité et je redoute que les autres ne s'en aperçoivent. » Plus précisément, 45 % des femmes et 34 % des hommes. La réponse d'un échantillon autosélectionné à une question unique n'a aucune prétention à la validité statistique, mais l'ordre de grandeur qu'elle indique quant à la différence entre femmes et hommes est similaire à celui que donnent d'autres études disponibles.

En résumé, le sentiment dit « d'imposture » recouvre des réalités qui ne sont pas toutes problématiques ; et s'il est peut-être plus fréquent chez les femmes, il est loin d'être universel chez elles, et loin d'être absent chez les hommes. Par quel étrange raisonnement la communication des instituts de formation et la *vox populi* des médias sociaux en ont-elles fait une pathologie spécifiquement féminine, qu'il incomberait aux femmes de « soigner » ?

QUAND ON SE SENT ILLÉGITIME, C'EST SOUVENT QU'ON EST DÉLÉGITIMÉE

Des voix encore minoritaires s'élèvent ici et là pour contester ce raisonnement. Aux États-Unis, des militantes de la diversité ethnique ne masquent pas leur agacement devant ce « problème de femmes blanches ». Arrêtons de nous apitoyer sur les inquiétudes secrètes de femmes qui ont déjà de belles carrières, disent-elles. La priorité, c'est d'abattre les obstacles qui continuent à empêcher d'autres personnes aussi méritantes – femmes de couleur, personnes trans ou non binaires – d'obtenir les mêmes succès. Au lieu de réconforter celles qui se croient, à tort, surestimées, il vaudrait mieux aider celles qui sont, à tort également, sous-estimées[218].

Qu'on y souscrive ou non, cette critique a le mérite de déplacer le débat de deux manières distinctes. D'abord, elle parle de l'organisation plutôt que de l'individu. Le fait que la description du « syndrome » vienne de la psychologie clinique plutôt que de la psychologie sociale a longtemps masqué le rôle des organisations (et plus largement de la société) dans son apparition. Pourtant, c'est une évidence : si certaines personnes se sentent moins reconnues que d'autres, cela tient peut-être à leur personnalité, mais aussi au contexte dans lequel elles évoluent.

Imaginons par exemple une entreprise ordinaire, où la majorité des dirigeants sont des hommes. Un homme qui s'élève dans la hiérarchie sera, de plus en plus, entouré d'hommes. S'il éprouvait un sentiment d'imposture, celui-ci aura tendance à régresser : parmi des personnes qui lui ressemblent, il s'accoutumera à l'idée que sa réussite est méritée. Une femme sur la même trajectoire d'ascension sera au contraire de moins en moins semblable à ceux qui l'entourent, de moins en moins conforme à l'image du succès que lui renvoie son environnement. Logiquement, son sentiment d'imposture risque de persister, voire de s'accentuer. Cette différence d'environnement pourra être exacerbée par des différences de traitement si les femmes sont évaluées différemment, plus souvent interrompues, moins souvent consultées, plus volontiers critiquées [59, 152].

En réalité, donc, la personne qui *se sent* illégitime est peut-être avant tout une personne à qui *on fait sentir*, de mille manières plus ou moins subtiles, qu'elle est illégitime [219]. Si c'est le cas, il faut considérer le sentiment d'imposture comme en partie fabriqué par les organisations, leur culture et leurs systèmes, et pas seulement, comme on le répète depuis quarante ans, comme une pathologie individuelle qui trouverait sa racine dans l'estime de soi déficiente des femmes.

La critique récente du syndrome de l'imposteur invite à un second recentrage, tout aussi important. Pour les guérisseurs d'un supposé syndrome, le ressenti d'imposture a valeur de vérité. Là encore, le fait que l'idée vienne de la psychologie clinique contribue à l'expliquer. Mais le ressenti subjectif d'une personne sur sa performance et l'évaluation de cette performance sont deux choses distinctes, comme le confirmera toute personne qui a vécu un entretien d'évaluation. À force de répéter l'exaspérant cliché selon lequel « *perception is reality* », on oublie que, non, la perception qu'on a de sa propre performance n'est généralement pas sa réalité.

Quand on parle d'imposture, la distinction entre perception et réalité est évidemment capitale. Il y a bien sûr des personnes qui se sentent imposteurs alors qu'ils sont parfaitement compétents. Mais il y a aussi des managers qui ont de bonnes raisons de douter, parce qu'ils sont objectivement en situation de stress. Imaginons une cadre qui vient d'être promue à des responsabilités importantes.

Supposons qu'elle éprouve une incertitude sur sa capacité à tenir son poste, parce qu'elle estime qu'elle n'a pas encore toutes les compétences nécessaires pour réussir. Supposons en outre qu'elle ait raison – non pas parce qu'elle est une femme, mais parce que chaque promotion est synonyme de nouveaux défis. Suffit-il de lui donner une tape dans le dos et un manuel de pensée positive pour l'encourager à surmonter ce « sentiment » ? À l'évidence, elle a plutôt besoin qu'on l'aide à relever le défi auquel elle fait face. Proposons-lui donc du coaching, de la formation, peut-être des moyens supplémentaires ou une réorganisation – mais pas un pseudo-diagnostic sur son manque de confiance en elle.

ET LES VRAIS IMPOSTEURS ?

L'écart entre perception et réalité peut aussi être dans le sens opposé. C'est ce qui se passe dans une autre situation hélas fréquente, et qui n'a rien à voir avec celle des personnes qui souffrent d'un sentiment d'imposture : celle des vrais imposteurs ! Vous les connaissez : ce sont ceux qui occupent, avec une parfaite confiance en eux et sans que jamais le doute ne les effleure, des postes pour lesquels ils sont manifestement incompétents. Imperturbables dans leur certitude de mériter tout ce qui leur arrive, ils semblent s'élever naturellement vers le sommet des organisations.

Y a-t-il plus d'incapables qui s'ignorent que de personnes compétentes qui se sous-estiment ? Plus de vrais imposteurs ou de faux imposteurs ? C'est impossible à dire, bien sûr. Mais le sondage *Time to Sign Off* déjà cité donne une petite indication. Alors que 39 % des répondants disent éprouver un sentiment d'imposture, 26 % (pas forcément les mêmes) estiment que leur supérieur(e) hiérarchique direct(e) « n'est pas à la hauteur de mes attentes, mais se surestime tellement qu'il/elle n'en a pas conscience ». Et chez les femmes dont le supérieur est un homme, ce pourcentage d'imposteurs heureux monte à 35 %. Il y a sans doute des femmes qui doutent d'elles-mêmes plus que de raison, mais si on écoute celles dont le patron est un homme, il y a aussi plus d'un homme sur trois qui ne doute pas assez…

Il faut donc relativiser le phénomène de l'imposteur. La perception subjective d'être illégitime à son poste est certes répandue, et souvent douloureuse. Mais il faut, d'abord, cesser de le considérer comme un ressenti exclusivement féminin, alors qu'il concerne aussi beaucoup d'hommes. Il faut, ensuite, cesser de se défausser commodément de ce prétendu complexe en le décrivant comme une déficience individuelle, et s'interroger sur la manière dont les organisations créent ou renforcent ce sentiment d'illégitimité. Et il faut, enfin, faire la chasse aux vrais imposteurs qui s'ignorent, et dont le management déficient fait des ravages dans les organisations.

Le sentiment d'imposture n'est pas un « syndrome ». C'est l'effet d'une culture qui donne aux un(e)s un sentiment immérité d'illégitimité, et aux autres un sentiment tout aussi immérité de légitimité.

13

ET SI ON OUBLIAIT LE CHARISME ?

Dans les affaires, qui sont les grands héros de notre temps ? Steve Jobs, bien sûr, qui humiliait systématiquement ses collaborateurs et était certain d'avoir toujours raison contre tous. Ou, plus récemment, Elon Musk, qui défraie la chronique pour ses paris fous et sa mégalomanie. Pour n'en citer qu'un exemple, rappelons qu'en janvier 2024, Musk n'a pas hésité à aller défendre devant un tribunal du Delaware ses prétentions salariales en tant que dirigeant de Tesla, qui se montaient à 56 milliards de dollars (vous avez bien lu *milliards*, pas millions) [220].

Ces personnalités hors du commun sont extrêmes, bien sûr. Mais quand nous parlons de grands leaders, c'est à elles que nous pensons. L'historien Walter Isaacson a écrit leurs biographies, après celles d'Einstein, Léonard de Vinci, Benjamin Franklin ou Kissinger. À force de porter aux nues ces individus, le stéréotype du leader finit par intégrer certains de leurs traits de caractère. Et en particulier, une qualité que nous leur prêtons volontiers : le *charisme*.

UNE IDÉE SUSPECTE

C'est le sociologue Max Weber qui emploie le premier le terme à l'ère moderne. Au pouvoir « traditionnel » qui s'appuie sur la tradition, et au pouvoir « rationnel-légal » ou « bureaucratique » fondé sur la logique d'une organisation, Weber oppose l'autorité « charismatique » qui émane d'une personnalité singulière, dotée de qualités exceptionnelles. Il n'est d'autorité traditionnelle ou bureaucratique que dans le cadre d'une tradition et d'une organisation, mais le charisme ainsi défini est propre à un individu.

Cette définition recouvre presque exactement l'idée de leadership telle que l'entendent les praticiens d'aujourd'hui, et notamment l'opposition devenue commune entre « simple manager » et « vrai leader ». Popularisée dans les années 1980 par Bernard M. Bass et surtout par Warren Bennis, un des premiers « gourous » du management, l'idée se résume assez simplement [221]. Si vous vous fondez sur les règles et les normes de l'organisation pour diriger votre équipe, vous êtes un administrateur, un gestionnaire, un manager. Mais si votre équipe vous suit, au moins une partie du temps, *parce que c'est vous*, et pas seulement parce que vous occupez le bureau d'angle, c'est du leadership. Autrement dit, le sens commun de *leadership* aujourd'hui ressemble fort à celui de *charisme* pour Max Weber il y a un siècle [222].

Bien que réductrice, l'opposition entre manager et leader met en évidence ce qui a fait la fortune du concept moderne de leadership. Car le leadership ainsi défini prend toute sa valeur dans les circonstances où l'incertitude domine, où il ne suffit plus d'appliquer les règles du *business as usual*, où l'on doit prendre des risques. Or, justement, même si c'est un lieu commun, nous évoluons dans un monde de plus en plus incertain. Par conséquent, nous avons besoin de leaders « transformationnels » : d'entrepreneurs, de visionnaires, de créateurs, parfois de redresseurs, mais en tout cas pas de simples managers *.

C'est dire s'il va leur en falloir, du charisme, à ces leaders ! Pour accomplir les exploits qu'on attend d'eux, il ne leur suffira pas d'une autorité « bureaucratique » (terme devenu péjoratif, ce qu'il n'était pas, au contraire, pour Max Weber). Non, il leur faudra du charisme. Si vous êtes un simple manager, un bureaucrate dénué de charisme, vous n'avez pas d'avenir dans le monde incertain qui est le nôtre. Et pour devenir un leader, un vrai, des « universités du charisme » et autres chaînes YouTube qui vendent du « charisme à la demande » sont à votre disposition.

Le problème de ce raisonnement est qu'il ne suffit pas de placer le charisme sur un piédestal pour savoir le reconnaître, ni même le définir. Un article de synthèse paru en 2018 annonce, dès sa deuxième phrase, que « malgré des études intenses, le concept demeure mal compris [223] ». Ses auteurs notent que les définitions du charisme tombent quasi systématiquement dans deux pièges. Le premier est celui du flou (« un

* L'équivalence suggérée ici entre « charisme » et « leadership transformationnel » est elle-même contestée par certains chercheurs, mais la plupart considèrent les deux termes comme équivalents [223].

talent rare », « un pouvoir miraculeux »), souvent appuyé sur quelques exemples frappants. Le second, plus pernicieux, est celui de la tautologie : beaucoup d'auteurs définissent le charisme par les effets qu'il produit. Pragmatique en apparence, cette démarche est scientifiquement suspecte. Si la seule chose qui distingue le bon chasseur du mauvais chasseur est le contenu de sa besace à la fin de la journée, on n'a rien appris sur les qualités qui expliquent ce résultat. De même, une fois qu'on a défini le leader charismatique comme étant celui qui « exerce une forte influence », on n'a guère progressé dans la compréhension de ce qui lui permet d'exercer cette influence.

Pour contourner ce problème, certains experts ont tenté de caractériser le charisme comme la combinaison d'un certain nombre de traits de personnalité : la confiance en soi, l'optimisme, le goût du risque et l'imagination [224]. Mais, empiriquement, les traits de personnalité n'expliquent qu'une très faible partie du charisme [225]. La plupart des auteurs se résolvent donc, au risque de la tautologie, à définir le charisme comme une *perception*. C'est une caractéristique de la relation qu'établit un leader avec ses « suiveurs », et non une composante de sa personnalité. Comme la beauté, le charisme naît dans l'œil de celui qui regarde.

UN CONCEPT QUI PERPÉTUE LES STÉRÉOTYPES DE GENRE

Une conséquence de cette définition est que vous ne pouvez pas passer un « test de charisme » indépendant de votre environnement, comme vous passez un test d'anglais ou de capacité respiratoire. Pour mesurer votre charisme, on va demander à ceux qui vous observent dans vos fonctions si vous possédez, *à leurs yeux*, cette qualité. Une multitude d'instruments permettent de réaliser cette mesure, notamment le *Multifactor Leadership Questionnaire* (MLQ), qui a inspiré beaucoup des questionnaires « à 360° » qu'utilisent les entreprises pour évaluer leurs cadres. Or cette méthode introduit au moins trois problèmes, dont certains nuisent à la diversité.

D'abord, demandez-vous qui, dans votre organisation actuelle, vous vient à l'esprit quand on parle de charisme : ce n'est pas la jeune stagiaire. C'est sans doute, au contraire, une personne qui exerce ou a exercé des responsabilités importantes. Si le charisme est la conséquence, et non la cause, du succès, il est probable qu'on le détectera chez des personnes qui sont déjà en position de pouvoir : premier effet autoréalisateur qui va accentuer les inégalités de genre et d'origine.

Ensuite, la mesure n'est pas indépendante du contexte. Un leader charismatique « parle de l'avenir avec optimisme », nous dit par exemple le MLQ dans certaines de ses versions. Si l'on n'est pas complètement fou, le degré d'optimisme qu'on manifeste dépend aussi des circonstances… Ainsi défini, le charisme mesure donc, pour partie, la capacité à se placer au bon endroit au bon moment, plutôt qu'à relever les défis les plus difficiles et les plus importants. Ce qui peut récompenser des comportements égoïstes plutôt que collégiaux.

Enfin et surtout, une mesure qui s'appuie sur la *vox populi* ne peut pas échapper complètement aux stéréotypes. Certains questionnaires décrivent par exemple le leader charismatique comme « confiant(e) et puissant(e) ». Il ne suffit pas de mettre de tels adjectifs au féminin pour faire disparaître les stéréotypes de genre associés au pouvoir, et encore moins, on l'a vu, les différences entre femmes et hommes quant à la confiance en soi et à la manière de l'exprimer.

UNE QUALITÉ QUI N'EN EST PAS UNE

En somme, donc, pour être perçu comme charismatique, il vaut mieux être un homme – et de préférence un homme déjà en situation de pouvoir. Mais, pourra-t-on demander, en quoi cette mesure est-elle biaisée ou erronée ? Si le charisme est un ingrédient indispensable pour exercer de hautes responsabilités, n'est-il pas légitime de le valoriser, qu'il soit ou non moins répandu chez les femmes ?

Justement, non. Car prétendre que cette forme de charisme serait essentiel aux leaders est inexact, ou au minimum très exagéré. D'innombrables études sur le leadership ont mis en évidence des caractéristiques essentielles pour être un leader efficace, qui n'ont rien à voir avec le charisme, voire qui s'en éloignent.

La plus importante est sans doute l'intégrité. Sans aller jusqu'à dire que le charisme est associé à la malhonnêteté, force est de constater qu'il est fréquent chez les escrocs… car il leur est indispensable ! Il faut un charisme hors du commun pour être un Ponzi ou un Madoff. Ou pour être un autre genre de criminel : le mot « charisme » revient sans cesse dans les portraits d'Harvey Weinstein.

Ce n'est pas tout. Un leader efficace doit aussi, tout simplement… être compétent. À force de célébrer la vision des entrepreneurs de vingt ans qui révolutionnent des industries entières, à force de louer la vision qu'ils vendent à leurs investisseurs, on oublie que connaître son métier ne nuit pas. La très charismatique Elizabeth Holmes, lorsqu'elle abandonnait ses études à Stanford pour créer sa start-up, Theranos, avait embarqué dans son aventure nombre de dirigeants aguerris, dont le légendaire Henry Kissinger, l'ancien ministre du Trésor et secrétaire d'État George Shultz, ou encore le général Jim Mattis, futur ministre de la Défense. Elle les avait tous convaincus de partager sa « vision » d'un laboratoire d'analyses sanguines qui réaliserait tous les tests à partir d'une seule goutte de sang. Pourtant, aucun investisseur expert en sciences de la vie n'était présent à son tour de table. Les professionnels compétents ne croyaient tout simplement pas à la faisabilité technique de son projet. De fait, les produits et le *business model* de Theranos étaient une vaste escroquerie. Un jury populaire apparemment insensible au charisme d'Elizabeth Holmes finit, en 2022, par la condamner à onze ans de prison. Sans aller jusqu'à ces extrêmes, certaines études suggèrent qu'un leader peut avoir « trop » de charisme : il inspire les troupes pour soulever des montagnes, mais il en oublie de gérer les affaires courantes [50].

Enfin, il est essentiel, pour un leader, de faire preuve des qualités qu'on regroupe souvent sous le terme d'« intelligence émotionnelle » [226, 227]. La capacité à percevoir et à gérer les émotions (celles des autres comme les siennes), la sensibilité aux normes culturelles, la capacité à gérer les tensions interpersonnelles, l'attention aux autres et la capacité à les « coacher » individuellement sont aux antipodes du cliché du leader « charismatique » *. Ce sont pourtant des atouts importants ** [228].

En somme, les ambiguïtés dans la définition du charisme et les biais dans sa perception font que nous l'associons majoritairement aux hommes. Alors que, pour être un leader efficace, il n'est ni nécessaire, ni suffisant d'avoir du charisme.

Si l'on ne retient que la première partie de ce message, la conclusion s'impose : il est urgent que les femmes deviennent à leur tour des « leaders charismatiques », et pour cela, qu'elles imitent les comportements des modèles de charisme. Elizabeth Holmes suivit ce conseil jusqu'à la caricature. Non contente de revendiquer l'approche iconoclaste de Steve Jobs dans la définition de sa stratégie, elle singeait les moindres

---

* Répétons-le : les définitions du « charisme » sont extrêmement fluctuantes. Certaines d'entre elles incluent donc des composantes socio-émotionnelles ; et certains défenseurs de l'intelligence émotionnelle, plutôt que d'opposer celle-ci au charisme, affirment qu'elle est le secret du « vrai » charisme. Il est néanmoins évident que le « charisme » qu'on prête à Elon Musk, à Steve Jobs et à beaucoup d'autres leaders ne repose pas sur leur intelligence émotionnelle.

** Atouts importants, mais, pris isolément, pas décisifs. Le « culte » de l'intelligence émotionnelle, devenu presque aussi répandu que celui du charisme, n'est pas plus justifié. En particulier, l'affirmation cent fois répétée selon laquelle « l'intelligence émotionnelle est plus importante que le QI » ne résiste pas à l'analyse. Sur ce sujet, voir Joseph et Newman (2010) [226].

manies du fondateur d'Apple, jusqu'à celle de porter tous les jours des pull-overs noirs. Et, prenant acte des stéréotypes de genre, Holmes avait même modifié… son timbre de voix, décrit par les journalistes comme un « contralto guttural », voire un « baryton profond », alors que son registre naturel est tout à fait ordinaire pour une jeune femme[229].

Mais si le charisme n'est pas l'arme fatale que l'on croit, ce ne sont pas des femmes charismatiques qu'il faut chercher : ce sont des leaders différents. La mécanique du stéréotype nous renvoie sans cesse aux exemples qui font la une des magazines, mais il ne manque pas de contre-exemples moins flamboyants et tout aussi performants. Les meilleurs patrons ne sont pas forcément ceux qui se répandent sur les médias sociaux, ni les réseauteurs acharnés qui ne ratent jamais un voyage présidentiel. Il suffit pour s'en rendre compte de consulter des classements qui ne se fondent pas sur la popularité ou le style, mais sur des mesures objectives (création de valeur, satisfaction des employés, etc.). Dans sa sélection mondiale des « PDG de l'année 2023 », *The Economist* distinguait ainsi Jensen Huang, David Ricks, Sekiya Kazuma et David Velez Osorno[230]. Vous n'avez peut-être jamais entendu parler de ces PDG, qui dirigent respectivement le fabricant de puces Nvidia, le laboratoire pharmaceutique Eli Lilly, le fabricant de machines-outils pour semiconducteurs Disco, et la néobanque brésilienne Nubank. Et naturellement, nous oublions ces noms aussitôt après les avoir lus : notre image mentale du PDG reste marquée par les dirigeants médiatiques dont nous entendons parler tous les jours.

Quelques exemples ne font pas une loi générale. Mais ils justifient qu'on pose une question : devrions-nous rechercher plus activement des dirigeants raisonnables, fiables, professionnels, voire, osons le mot, un peu ennuyeux ? Et par la même occasion, tenter d'éviter les narcissiques et les mégalomanes ? En tout cas, il est urgent de réviser nos critères. Parlons donc un peu plus d'intégrité, de compétence et d'intelligence émotionnelle… et beaucoup moins de charisme.

Le charisme est une notion trop floue pour bien choisir des leaders, mais très efficace pour perpétuer les stéréotypes.

14

POURQUOI TANT DE COMPÉTITIONS ?

Vous devez accomplir une tâche difficile, pour laquelle vous toucherez une rémunération. Mais avant de vous lancer, vous avez un choix à faire : préférez-vous un paiement à la tâche, fonction de votre performance propre, et indépendant de ce que feront les autres participants ? Ou préférez-vous participer à un « tournoi », où seuls les gagnants seront rémunérés, avec un paiement plus important ?

La première étude à poser cette question, conduite par Muriel Niederle et Lise Vesterlund, conclut que 73 % des hommes choisissent le tournoi, contre seulement 35 % des femmes. La différence – énorme – s'explique pour partie par le fait que les hommes se surestiment (et pensent donc qu'ils vont gagner le tournoi même quand ils vont le perdre) : comme on l'a vu, ils sont plus enclins à l'excès de confiance. Mais cette différence de confiance en soi n'explique qu'une partie de l'écart * [231]. L'essentiel

* Il s'agit ici de l'opinion majoritaire. Certains auteurs la contestent. Pour des raisons techniques tenant à la précision des mesures, ils doutent que l'appétence pour la compétition soit un concept distinct, séparable de la surconfiance et du goût du risque [231].

de la différence entre les sexes tient à leur niveau différent d'*appétence pour la compétition*[232, 233].

À cette différence de préférences s'ajoute une différence de *performance sous pression*. Dans une expérience où les hommes participent à un tournoi plutôt qu'à un travail payé à la tâche, leur performance s'améliore, tandis que celle des femmes ne change pas. Par rapport au paiement à la tâche, le tournoi favorise donc les hommes[234].

L'appétence pour la compétition et la performance sous pression fournissent une explication séduisante au *gender gap* persistant. On la retrouve dans la presse généraliste, mais aussi dans les publications du World Economic Forum ou dans la *Harvard Business Review*[235, 236]. En substance, lit-on partout, pour parvenir au sommet dans un métier intensément concurrentiel, il faut non seulement exceller dans ce métier, mais aussi aimer la compétition et donner le meilleur de soi-même sous pression. Si les femmes et les hommes ne réagissent pas de la même manière à la compétition, cela pourrait expliquer que les hommes continuent à se tailler la part du lion dans les métiers les plus concurrentiels, où les rémunérations sont les plus élevées. Et ce, sans qu'il soit besoin de postuler une discrimination : ce seraient les femmes qui s'excluraient elles-mêmes du « tournoi » qui couronne les PDG, les chefs de service à l'hôpital ou les ministres. Ces explications ont en outre l'avantage intuitif de résonner avec les expériences des parents et des enseignants, qui observent, dans les cours de récréation, des garçons bagarreurs et des filles coopératives.

MOINS D'APPÉTENCE… POUR DES COMPÉTITIONS INÉQUITABLES ?

Depuis une vingtaine d'années, les expériences de laboratoire sur l'appétence pour la compétition ont été reproduites des dizaines de fois, avec d'innombrables variantes. Il est utile de passer en revue ces travaux et d'essayer d'en dégager les principales conclusions, qui ne sont pas forcément celles de la dernière étude rapportée par la presse.

Les données disponibles sont nombreuses et solides. Une méta-analyse de 2022 recense 110 études, lors desquelles 409 échantillons différents ont choisi entre tournoi et paiement à la tâche. L'analyse confirme l'existence d'un écart entre les sexes, mais le nuance considérablement. D'abord, l'écart moyen n'est que de 13 points de pourcentage, et non de 38 points comme dans l'étude pionnière de Niederle et Vesterlund. D'autre part, l'écart est très sensible à la tâche utilisée. On retrouve ici le même motif que dans les études sur l'excès de confiance : la différence d'appétit pour la compétition est bien présente sur les tâches associées à des stéréotypes masculins, mais quand on utilise des tâches neutres ou féminines, les femmes sont tout aussi impatientes de concourir que les hommes. Enfin, une troisième nuance capitale tient aux échantillons utilisés. Comme c'est souvent le cas, Niederle et Vesterlund avaient pris pour cobayes leurs étudiants. Or, dès qu'on utilise des personnes entrées dans la vie active, l'écart d'appétence pour la compétition se réduit jusqu'à disparaître* [237].

* Quant aux études qui tentent de mesurer le goût pour la compétition sur le terrain, plutôt qu'en laboratoire, il est difficile d'en conclure quoi que ce soit, car dans la vraie vie, le choix de

Voilà pour le choix de participer à un tournoi. Mais une fois la compétition lancée, qu'en est-il de l'écart de performance entre hommes et femmes ? Même si l'on dispose de moins de données, il semble bien que, là aussi, la différence de comportement tienne pour une bonne part à la tâche à accomplir, et non seulement à la situation de compétition. Les femmes ont une performance inférieure quand elles doivent accomplir, en situation de concurrence avec des hommes, une tâche qui évoque un stéréotype masculin, par exemple une tâche mathématique (on parle de « menace du stéréotype » [238]). Mais cette différence disparaît quand le tournoi porte sur une tâche perçue comme « neutre » ou féminine.

L'impression générale qui se dégage de ce tableau n'est donc pas que les femmes auraient une répugnance naturelle pour la compétition. Il semble plutôt que leur décision de participer, comme leur performance, dépendent de ce qu'elles pensent – à tort ou à raison – de leurs chances de succès. Plusieurs études suggèrent d'ailleurs que quand les femmes sont en concurrence avec d'autres femmes, leur performance est meilleure que dans les environnements mixtes [234]. Ce n'est pas la compétition qui les rebute : c'est la compétition avec des hommes sur des terrains présumés « masculins ».

POURQUOI TANT DE COMPÉTITIONS ?

La compétition pour l'accès aux fonctions de leadership remplit bien ces deux conditions : ces fonctions

participer ou non à une compétition dépend d'une multitude de facteurs qu'il est impossible de contrôler.

correspondent à des stéréotypes masculins, et impliquent une concurrence avec des hommes. On peut donc légitimement craindre que des femmes qualifiées renoncent à « concourir » ; et une question pratique qui se pose aux organisations est de savoir comment rectifier cette situation.

La solution la plus évidente, bien sûr, est de faire en sorte que plus de femmes s'engagent dans les « tournois » qui désigneront les futurs leaders (nous reviendrons au chapitre 18 sur les manières d'y parvenir). Mais une question distincte mérite d'être soulevée : faut-il vraiment tant de compétitions ? Certes, au sommet, les organisations sont nécessairement pyramidales. Tout le monde ne devient pas PDG. Pour autant, est-il certain que tout ce qui est présenté comme une compétition en soit forcément une ?

Le métier des vendeurs, par exemple, est de vendre, et l'immense majorité des entreprises les rémunèrent en fonction de leur performance. Mais beaucoup vont plus loin, et structurent cette rémunération variable sous forme de concours. Dans ce système, pour toucher un bonus, il ne suffit pas d'être une excellente vendeuse et d'avoir dépassé ses objectifs, il faut être meilleure que les autres. Une analyse des avantages et des inconvénients des différents modes de rémunération des forces de vente dépasse le propos de ce livre[239]. Mais il est évident que le choix d'une structure de rémunération des vendeurs fondée sur la performance *relative*, plutôt que sur la performance *absolue*, n'a rien d'impératif.

De la même manière, on trouve encore un grand nombre d'entreprises qui, dans leurs évaluations de performance, pratiquent le « *forced ranking* » (classement forcé), où la distribution des évaluations de performance dans une population donnée doit se conformer à une grille prédéterminée (par exemple, pas plus de 20 % d'« excellents » et pas moins de 10 % d'« insatisfaisants »). Les inconvénients de ce système – individualisme, rivalités, baisse de moral – sont pourtant devenus évidents [50]. Sa popularité ne peut s'expliquer que par son principe même, qui est de créer une compétition là où il n'en existe pas, de mettre en concurrence aux yeux de leurs managers des individus qui ne le sont nullement dans la réalité.

Cette préférence pour la *compétition*, par opposition à la *performance absolue*, a sans doute des racines profondes. Les vertus de la concurrence entre entreprises sont inculquées à nos dirigeants dès leurs premiers cours d'économie. Les entreprises usent et abusent des métaphores sportives, et se comparent volontiers aux champions de formule 1, de rugby ou de voile qu'elles sponsorisent. Et bien sûr, nous vivons dans un pays littéralement structuré par sa passion des concours, et où les visiteurs étrangers sont stupéfaits d'entendre des quinquagénaires évoquer leur rang à des concours passés trente ans plus tôt. Souvenons-nous que, lors de la pandémie de Covid-19, après avoir confiné tous les Français, fermé les écoles et supprimé les épreuves du baccalauréat, il n'a pas été question une seconde d'annuler les sacro-saints concours d'entrée aux grandes écoles. Question de principe : en annonçant leurs modalités légèrement modifiées, « les ministres compétents rappel[ai]ent leur attachement au modèle républicain de l'accès aux grandes écoles [240] ».

Pourquoi tant de compétitions ?

Quelles que soient les vertus qu'on prête à ce modèle, rien n'oblige nos entreprises à le singer. Rien ne nous contraint à présenter des processus de sélection, des parcours de carrière et des modèles de rémunération comme des compétitions, quand ils n'en sont pas. Rien ne nous force à transformer des opportunités de coopération en jeux à somme nulle.

Et si, au lieu de déplorer l'aversion supposée des femmes pour la compétition, on s'interrogeait sur l'étrange passion que nous vouons à celle-ci ?

15

« HAUT POTENTIEL »... DE SEXISME

Si vous travaillez dans une grande entreprise, il y a de fortes chances que vous soyez évaluée chaque année, voire plus souvent. Et, dans la plupart des cas, que cette évaluation comporte deux composantes : votre performance et votre potentiel.

L'utilité de mesurer la performance ne fait généralement pas débat. Certes, dans beaucoup de postes, elle est difficile à quantifier, car en plus des éléments numériques (comme les ventes réalisées par une commerciale), elle comprend aussi presque toujours des aspects qualitatifs (comme la capacité de la même commerciale à travailler en équipe avec ses collègues). Il peut donc, pour une foule de raisons, y avoir des erreurs et des biais dans l'évaluation. C'est en particulier le cas quand il faut attribuer des parts de responsabilité dans un travail collectif, situation où les femmes ont tendance à être pénalisées[241, 242]. Mais enfin, si on est capable de définir les résultats qu'on attend de vous, en principe, on doit être capable de mesurer si vous les avez atteints.

LA DEUXIÈME DIMENSION

Beaucoup d'entreprises ne s'arrêtent pas là. Leur raisonnement est simple : un individu peut avoir une bonne performance, et pourtant ne pas être capable de prendre plus de responsabilités. Inversement, un autre peut avoir traversé une passe difficile, et pourtant être considéré comme quelqu'un qui ira loin. L'évaluation des talents va donc ajouter à la dimension « performance » une dimension « potentiel ».

Les outils d'évaluation les plus utilisés pour représenter ces deux dimensions sont des matrices à quatre ou à neuf cases, cette dernière ayant été popularisée par General Electric au temps lointain de sa splendeur [243]. Avec des terminologies variables, les matrices permettent de distinguer des catégories d'employés : les « stars » (forte performance, fort potentiel), les « diamants bruts » (performance en deçà du potentiel), les « bons soldats » (performance satisfaisante mais potentiel limité), et bien sûr les embarrassantes « erreurs de recrutement » (faible performance, pas de potentiel). Un grand nombre de logiciels utilisés dans la gestion du personnel proposent par défaut d'utiliser ces outils.

Mais qu'est-ce que le « potentiel » ? Rien d'autre qu'une prévision de la performance future ! La prévision est en partie autoréalisatrice : aux « hauts potentiels », entourés de plus ou moins de mystère selon les entreprises, le coaching des meilleurs mentors et les postes qui leur permettront de faire leurs preuves avant d'accéder à des fonctions plus importantes. Aux autres, moins d'opportunités. Mais une prévision reste une prévision. On doit donc pouvoir mesurer dans quelle mesure elle se vérifie. Le potentiel qu'on croit déceler se révèle-t-il ? Les personnes à qui l'on n'en prête pas voient-elles effectivement leur performance stagner ?

QUAND LE POTENTIEL NE SE RÉALISE PAS

C'est la question à laquelle ont répondu, dans une étude récente, Kelly Shue, de Yale, et ses coauteurs [244]. L'équipe a eu accès aux données RH d'une chaîne de grande distribution, où elle a pu analyser les évaluations réalisées pendant six ans sur près de 30 000 managers, encadrant près d'un million d'employés. Leur conclusion principale : les femmes reçoivent des évaluations supérieures aux hommes pour la performance passée. Pourtant, elles sont en moyenne considérées comme ayant moins de potentiel.

Peut-être ces femmes, même quand elles accomplissent correctement leurs tâches actuelles, sont-elles effectivement moins impliquées dans leur travail, moins désireuses de progresser ? En d'autres termes, peut-être ont-elles effectivement moins de potentiel ? Si c'était le cas, on devrait constater, par la suite, que leur performance se dégrade par rapport à celle des hommes, ou qu'elles sont plus nombreuses à quitter l'entreprise. Or c'est le contraire qui se produit ! L'année suivante, la performance des femmes reste meilleure que celle des hommes qui avaient obtenu la même évaluation de performance et de potentiel qu'elles.

Naturellement, ces évaluations sont lourdes de conséquences. Dans l'entreprise en question, comme dans beaucoup d'entreprises de tous secteurs, le taux de féminisation diminue au fur et à mesure qu'on monte dans la pyramide : les femmes sont 56 % des nouvelles recrues, mais seulement 48 % des chefs de rayon, 35 % des managers de magasin et 14 % des chefs de secteur (regroupant plusieurs magasins). Les évaluations de « potentiel » pèsent lourd dans ces disparités : elles expliquent statistiquement environ la moitié de l'écart dans les promotions.

La raison de cette injustice n'est pas très mystérieuse. Les personnes qui réalisent les évaluations de potentiel se demandent : « Est-ce que je peux imaginer cette personne dans le poste supérieur ? » Il est d'autant plus facile de répondre favorablement que la personne ressemble à celles qui occupent déjà ces fonctions. Si les managers du niveau supérieur sont plus souvent des hommes, il est plus facile d'imaginer un homme à leur place. Tandis que la mesure de performance, relativement objective, n'est pas défavorable aux femmes, l'évaluation du potentiel, elle, est plus subjective, ce que les managers reconnaissent d'ailleurs volontiers. C'est cette subjectivité qui ouvre grand la porte aux stéréotypes sur les leaders et à leur reproduction « miroirocratique ».

Il faut souligner que ces stéréotypes sont largement partagés, y compris par les femmes. Dans cette étude, quand l'évaluation est faite par une femme, on retrouve exactement le même biais sexiste. Les femmes managers partagent donc la tendance des hommes à sous-estimer le potentiel des femmes qu'elles évaluent. Pour limiter les biais, il ne suffit donc pas, contrairement à une suggestion fréquente, de s'assurer que des femmes participent aux évaluations.

UNE NOTION TROP VAGUE

Le fond du problème, ici – et sans doute dans beaucoup d'organisations –, c'est que le « potentiel » est une chose trop vague, trop mal définie, trop subjective pour qu'on puisse l'évaluer de manière rigoureuse. En l'absence de définition précise (et il n'en existe ni dans cette entreprise ni plus généralement dans la littérature scientifique [243]), il est difficile de dire quelle réalité le « potentiel » mesure. D'autant que beaucoup de postes sont sans doute encore moins précisément définis que dans cette entreprise de distribution. Nombreuses sont les femmes à qui l'on a reproché de manquer de « vision », de « présence », ou d'autres indicateurs tout aussi mystérieux de leur « potentiel » de leadership futur [245].

La discrimination qu'on mesure est donc bien réelle, mais elle est le symptôme d'un problème plus vaste : ce fameux « potentiel » est très incertain et son appréciation très variable. Le biais sexiste, pour incontestable qu'il soit, n'est que la partie émergée d'un iceberg d'erreurs de jugement. Il y a sans doute aussi des personnes dont le potentiel est sous-évalué, et d'autres qui sont surévaluées, indépendamment de leur genre, parce qu'elles correspondent – ou pas – au stéréotype du poste suivant, ou parce qu'elles ressemblent – ou pas – à l'idée que s'en fait un évaluateur donné à un moment donné.

RENONCER AU POTENTIEL ?

Ces éléments étant posés, il est tentant de renoncer tout simplement à évaluer le potentiel. Après tout, si l'on sait évaluer votre performance actuelle, on pourrait simplement considérer que celle-ci est le meilleur prédicteur possible de votre performance future, et que deux personnes de performance égale devraient avoir strictement les mêmes opportunités de promotion.

Malheureusement, cette approche n'est que rarement utilisable en pratique. Dans la plupart des entreprises, la grande majorité des employés s'acquittent correctement de leurs tâches actuelles. Il n'est pas fréquent (et bien sûr pas souhaitable) qu'il en soit autrement, et qu'on puisse donc identifier des différences considérables de performance à un niveau donné. En pratique, pour décider qui promouvoir, on est donc souvent obligé de faire des choix à performance équivalente. Ce choix ne peut reposer que sur une forme de pari, de prévision quant à la performance future.

Les auteurs de l'étude citée ci-dessus notent d'ailleurs que la mesure de potentiel, même polluée par des biais sexistes, n'est pas entièrement sans valeur. Renoncer complètement à l'utiliser aurait certes le mérite de réduire mécaniquement l'écart femmes-hommes dans les taux de promotion. Mais la qualité des managers promus (mesurée par leur évaluation des années suivantes) serait moins bonne ! Apparemment, si la mesure de potentiel comprend une part de « note de gueule » qui sert d'alibi à des jugements sexistes, elle inclut aussi une part de prévision correcte de la performance future.

POUR DES MESURES OBJECTIVES

Une autre étude, également cosignée par Kelly Shue, vient conforter cette conclusion. Cette fois, les auteurs ont étudié des forces de vente : près de 40 000 vendeurs dans 131 entreprises, dont quelque 1 500 ont été promus managers [246]. A priori, c'est un environnement propice à des évaluations objectives. Et en effet, l'étude constate que les décisions de promotion sont très différentes de celles de l'exemple précédent : les promotions sont presque exclusivement déterminées par les performances passées. Qu'ils aient du potentiel ou pas, ce sont les meilleurs vendeurs qui sont promus chefs de vente.

Est-ce plus équitable, plus facile à justifier, et moins biaisé ? Sans doute. Mais cette politique de promotion n'est pas optimale non plus, loin de là. En analysant la performance des nouveaux chefs de vente, l'étude découvre que celle-ci est *négativement corrélée* à leur performance antérieure comme vendeurs. On savait que les bons vendeurs ne font pas forcément de bons chefs de vente ; il s'avère ici que c'est même plutôt le contraire. L'observation illustre le célèbre « principe de Peter », qui veut que chaque employé tende à s'élever dans une hiérarchie jusqu'à son niveau d'incompétence : d'excellents vendeurs sont promus à un poste dans lequel ils ne sont plus performants.

Aurait-il été possible de choisir les futurs chefs de vente sur d'autres critères, qui auraient mieux reflété leur potentiel ? Absolument – et de manière tout aussi objective. Les auteurs de l'étude ont ainsi pu déterminer une politique de promotion « optimale », qui, si elle était appliquée, améliorerait de 30 % la qualité des managers choisis. Dans cette politique, les ventes comptent toujours pour beaucoup, bien sûr. Il n'est pas question de promouvoir systématiquement les vendeurs les moins productifs. Mais elle prend en compte aussi d'autres éléments objectifs : en particulier, le degré de collaboration des vendeurs, mesuré par le nombre de transactions sur lesquelles ils ont partagé leur commission avec un ou plusieurs collègues.

Comme souvent, l'idée semble évidente… une fois qu'on la connaît. Une vendeuse capable de collaborer efficacement a de meilleures chances d'être une bonne animatrice d'équipe. Cette compétence, distincte de sa performance dans son poste actuel, est donc une bonne mesure de son potentiel dans le prochain poste. Encore fallait-il identifier le bon indicateur de cette compétence, qui n'a rien à voir avec une simple note de « potentiel » décernée par un supérieur.

Ces deux études ne sont que des exemples, et elles ne sont pas généralisables dans leurs détails. Vos évaluations qualitatives de potentiel ne sont pas forcément sexistes ; et le nombre de transactions que vos vendeurs partagent avec d'autres n'est pas forcément le signe qu'ils sont de futurs directeurs commerciaux. Ce qui a valeur générale, ici, est un principe : une mesure qualitative qui s'appuie sur des jugements individuels ouvre la porte aux erreurs de jugement en général, et aux biais en particulier. C'est vrai des mesures de performance, et plus encore des mesures de potentiel, par définition plus floues.

Le défi pour ce type de décision se résume donc à un (vilain) mot : *objectiver.* Ce n'est pas le fait de chercher à évaluer un « potentiel » qui crée des biais, c'est le fait que cette évaluation dépende d'appréciations subjectives. Ce qui est vrai du « potentiel » l'est aussi d'autres critères qualitatifs que vous utilisez peut-être – « fit culturel », « engagement », « motivation » ou autres. S'ils sont importants, n'y renoncez pas. Mais demandez-vous comment ils peuvent être mesurés d'une manière factuelle, objective, et adaptée à votre entreprise. C'est le moyen d'avoir des évaluations à la fois moins biaisées et plus exactes.

Juger du « potentiel » (ou d'autres critères) de manière subjective contribue à perpétuer les stéréotypes du leadership.

IV

Cinq axes d'action

Une culture inclusive – Un recrutement sans biais – Des évaluations neutres – La flexibilité dans l'organisation – L'intelligence collective

16

QU'EST-CE QU'UNE CULTURE INCLUSIVE ?

Il était une fois une société d'investissement auréolée de succès – appelons-la AlphaCo. Fondée et dirigée par un petit groupe d'hommes, AlphaCo tenait plus que tout à la qualité de ses décisions d'investissement. Pour cela, elle avait pour habitude d'encourager ses cadres à débattre vigoureusement, afin que la vérité jaillisse de la confrontation des idées. Il était habituel qu'un des membres du comité attaque frontalement les propositions d'un collègue. Cette démarche était même formalisée par l'exercice de la *red team*, emprunté au monde du renseignement, qui consiste à tenter systématiquement de trouver les failles dans les hypothèses et les raisonnements qui ont été présentés. Et la capacité des individus à tenir tête à leurs collègues dans ces débats était considérée comme un critère essentiel d'évaluation et de promotion.

Personne ne trouvait à redire à ces débats qualifiés de « musclés », voire de « virils mais corrects », du moins jusqu'à l'émergence d'une jeune génération (comprenant d'ailleurs autant d'hommes que de femmes). Pourquoi tant de conflictualité, demandèrent-ils en substance ? Est-il indispensable que le débat d'idées tourne chaque semaine à la confrontation de personnes ? Est-ce la meilleure manière d'inciter chacun à s'exprimer – et donc de bénéficier de toutes les idées et de toutes les opinions ? Peut-on conserver dans les pratiques d'AlphaCo ce qui est essentiel à sa performance – l'examen attentif des propositions et des analyses – sans pour autant créer un climat guerrier ?

Après quelques tâtonnements, l'ensemble du comité convint de modifier progressivement ses pratiques. Il renonça notamment à la *red team* au profit d'un autre outil, le *pre-mortem*, qui consiste à imaginer un avenir dans lequel le projet a échoué : une manière aussi efficace, mais nettement moins conflictuelle, de rechercher les failles dans une proposition [135].

AlphaCo pensait que sa culture de confrontation était un ingrédient essentiel de son succès, voire une nécessité inhérente à son métier. Elle avait fait de la capacité des individus à opérer dans cette culture un critère explicite de recrutement et de promotion. En réalité, ce mode de fonctionnement ne reflétait rien d'autre que les préférences et la personnalité de ses fondateurs : la miroirocratie, encore. En le remettant en question, l'entreprise a permis à tous ses collaborateurs de se sentir bienvenus et de contribuer plus efficacement. En un mot, AlphaCo a créé un climat d'*inclusion.*

MIEUX QUE LA DIVERSITÉ, L'INCLUSION

Le mot « inclusion », troisième volet du triptyque « DEI », est à la mode*. Caroline Elkins et Frances Frei, de Harvard, la définissent comme le fait de créer « les conditions dans lesquelles chacun peut s'épanouir et où nos différences en tant que personnes variées et multidimensionnelles sont non seulement tolérées mais aussi valorisées [164] ». Un aphorisme souvent cité, attribué à Verna Meyers, une dirigeante de Netflix, le résume autrement : « La diversité, c'est être invitée à la fête ; l'inclusion, c'est être invitée à danser. »

Ces définitions sont ambitieuses. Mais elles témoignent surtout d'un problème : la recherche de la diversité à marche forcée aboutit à une diversité sans inclusion. Elkins et Frei en conviennent : « De nombreuses organisations [...] restent bloquées au stade de la diversité : elles recrutent des personnes différentes sans les gérer efficacement, et génèrent en cours de route des frustrations et du cynisme. »

Mais que veut dire « gérer efficacement » la diversité ? La vision la plus répandue consiste, logiquement, à aider les « personnes différentes » à s'adapter à la culture ambiante. Ces interventions donnent souvent de bons résultats [247]. Elkins et Frei donnent l'exemple des anciens militaires qui suivent le MBA de Harvard. Malgré une formation initiale comparable et une expérience de terrain impressionnante, ceux-ci n'obtenaient

* En France, le mot « inclusion » est souvent associé spécifiquement à l'inclusion des personnes en situation de handicap, et à l'adaptation des postes de travail qu'elle implique. La définition retenue ici est plus large.

pas de très bons résultats. Habitués à un environnement hiérarchique, ils étaient souvent déconcertés par la *Business School*, et notamment par les discussions en classe, où l'on attend de chacun une participation active et spontanée. Les ex-militaires s'organisèrent donc en un *military student group*, au sein duquel ils purent se former et s'aider mutuellement à adopter les nouveaux comportements qu'on attendait d'eux. Grâce à ces efforts, leurs résultats ont rattrapé ceux des civils.

Cet exemple illustre le principe des réseaux affinitaires, ou *employee resource groups* (ERG), qu'abritent un nombre croissant d'entreprises. Ce qui les caractérise est qu'ils ne sont pas organisés par l'entreprise, mais autogérés par leurs membres, qui créent une sorte de communauté de soutien et d'entraide au sein de l'entreprise. Les ERG se structurent autour d'intérêts ou de caractéristiques d'identité sociale, comme l'appartenance ethnique ou l'orientation sexuelle, mais pas seulement : certaines entreprises ont créé des ERG « première génération ». Celles et ceux qui sont la première génération de leur famille à accéder à des études supérieures et à des emplois de cadres peuvent y partager leurs expériences avec d'autres « transfuges de classe ».

L'intérêt immédiat des ERG est de rompre le sentiment d'isolement que peuvent éprouver leurs membres : « Je pensais qu'il n'y avait pas beaucoup de personnes LGBT dans la boîte. Faire partie de ce groupe m'a permis de réaliser qu'en fin de compte, il y en a peut-être plus que je ne le croyais », témoigne ainsi un jeune cadre d'un cabinet d'audit. Bien qu'il soit difficile d'en mesurer précisément les effets, ce sentiment d'appartenance pourrait se traduire par une plus grande satisfaction au travail, une meilleure motivation et une plus grande fidélité à l'entreprise. En outre, même si les ERG n'échappent pas au soupçon d'être des outils marketing, ils aident à rassurer les candidats issus de ces groupes minoritaires lors du recrutement[248].

Il arrive également que les ERG bénéficient à leurs membres en matière de parcours de carrière. Comme n'importe quelle source de connexion informelle, ils aident leurs membres à bâtir des réseaux « horizontaux », par exemple dans d'autres divisions ou d'autres fonctions de l'entreprise, mais aussi « verticaux », en donnant accès à des dirigeants qui peuvent devenir des appuis.

D'autres outils concourent au même résultat, comme les *programmes de mentoring* que mettent en place beaucoup d'entreprises. Le mentor, qui appartient souvent (mais pas forcément) au même groupe démographique que son « protégé », peut aider ce dernier à décrypter les codes culturels de l'entreprise, et le faire bénéficier de son expérience et de ses conseils. Dans le meilleur des cas, il peut le soutenir aux moments clés de sa progression de carrière (on parle parfois plutôt de *sponsor* que de mentor pour insister sur l'importance de ce rôle).

Les programmes de mentoring font partie des initiatives dont l'efficacité est attestée par la recherche. Dans leur étude déjà citée, Dobbin et Kalev notent par exemple que le pourcentage de femmes augmente de 20 % environ dans les entreprises qui les déploient[90].

Bien sûr, cette efficacité varie en fonction des affinités personnelles entre protégés et mentors et de la disponibilité de ces derniers.

En outre, on reproche souvent au mentoring de créer une charge de travail supplémentaire pour les femmes haut placées, sursollicitées en tant que mentors. Pour pallier cet inconvénient, les programmes de mentoring fonctionnent donc généralement sur la base du volontariat. Paradoxalement, il est possible que ce choix soit contre-productif. Une étude récente, reposant sur une expérience randomisée dans un centre d'appels, suggère que les employés qui sollicitent un mentor sont justement ceux qui en ont le moins besoin, et inversement. Ses auteurs recommandent donc que les programmes de mentoring soient obligatoires [249].

L'AUTRE MANIÈRE D'ÊTRE INCLUSIF

Il faut bien sûr poursuivre et développer les programmes de mentoring, les groupes affinitaires, et toutes les autres initiatives qui peuvent aider chacun à se sentir accueilli et reconnu dans une organisation. Mais l'exemple d'AlphaCo montre qu'il existe une autre manière d'être inclusif. Les jeunes cadres d'AlphaCo ne se sont pas organisés en groupe de soutien pour s'encourager mutuellement à taper du poing sur la table dans les réunions. Ils n'ont pas cherché de mentors pour leur enseigner comment mieux interrompre et critiquer leurs pairs. C'est même tout le contraire : plutôt que de se plier à ces normes culturelles, ils les ont remises en question. Ils n'ont pas lutté pour gagner le droit d'être accueillis, mais pour rendre la culture de leur entreprise accueillante. Ils ne se sont pas organisés pour rentrer dans le moule, mais pour le changer.

Attaquer le problème de l'inclusion par le versant de la culture d'entreprise, et non par celui du comportement des individus, n'est pas la solution de facilité. À l'exception des situations de crise qui appellent de grandes transformations, la multitude de comportements, de pratiques, de styles qui composent la culture d'entreprise sont considérés comme une donnée, à laquelle les nouvelles recrues doivent s'adapter. Puisque les résultats sont bons, on présume que la culture qui a fait le succès d'hier continuera à faire celui de demain. Et on s'en assure en demandant aux recruteurs de vérifier le « fit culturel » des candidats.

Il existe pourtant un autre « fit » qu'il faudrait examiner plus systématiquement : la correspondance entre la culture de l'entreprise et *ses besoins réels*. C'est ce qu'ont fait les cadres d'AlphaCo quand ils ont identifié les aspects purement « miroirocratiques » de leur culture d'entreprise conflictuelle, et qu'ils les ont corrigés. Pour filer la métaphore de Verna Meyers, les mentors et les ERG encouragent les nouvelles personnes invitées à la fête à danser comme les autres. Mais si tout le monde y danse le rock acrobatique, il est permis de se demander si c'est la seule manière de passer une bonne soirée.

Plus ambitieuse, une démarche de remise en question culturelle a un avantage capital : elle ne bénéficie pas seulement à la diversité, mais aussi à la performance. Dans le cas d'AlphaCo, le changement n'était pas principalement motivé par la quête de diversité. Personne chez AlphaCo ne s'est plaint d'un climat masculin dans lequel les femmes étaient mal à l'aise : certaines l'étaient, mais certains hommes l'étaient aussi. Le principal bénéfice attendu du changement était de s'assurer que personne ne s'autocensure, et que toutes les idées soient donc exploitées. Un plus large éventail de personnalités sont à l'aise dans le comité d'investissement d'AlphaCo ; mais si celui-ci devient démographiquement plus divers, c'est presque un effet secondaire.

Dans leur revue des effets de différentes politiques de diversité, Dobbin et Kalev montrent que cet exemple n'est pas isolé. « Certaines des solutions les plus efficaces [en matière de diversité] ne sont même pas conçues avec un objectif de diversité », écrivent-ils. Pourquoi ? Parce que ces stratégies ne soulèvent pas de contestation et ne suscitent pas de réactance. Quand on remet en cause les normes de l'entreprise pour améliorer sa performance, la méritocratie est renforcée, personne n'est lésé, et chacun comprend l'intérêt de la démarche.

COMBATTRE LA MIROIROCRATIE, PAS LE MASCULIN

Dans cette démarche, il est important d'éviter un écueil. Certaines autrices soutiennent que le monde du travail, de manière générale, est le lieu d'un « concours de masculinité », structuré par des valeurs virilistes de force, d'infaillibilité et de dureté, toxiques pour les femmes comme pour les hommes [250]. Pour faire progresser la diversité et l'inclusion, il faudrait traquer tous les stéréotypes associés aux hommes, ou, dans la même logique de domination, aux Blancs. Ainsi, un manifeste souvent repris dans les formations d'entreprise énonce qu'insister sur l'importance de l'objectivité scientifique, de la communication écrite ou de la ponctualité serait une manifestation de la « culture blanche », contribuant à l'exclusion des personnes de couleur [251]. D'autres théoriciens suggèrent qu'utiliser des formulations comme « j'ai besoin de ceci dès que possible », ou attendre de chirurgiens qu'ils puissent se rendre disponibles pour répondre à des urgences, seraient des « normes masculines » qui excluent les femmes [161].

De tels propos sont condescendants envers celles et ceux qu'ils prétendent défendre, et contre-productifs par les réactions qu'ils suscitent. Il faut donc éviter ces excès – ou plutôt cette confusion. Car traquer les stéréotypes de leadership n'est pas la même chose que traquer les stéréotypes masculins. Même s'ils se recouvrent en partie, les deux ensembles sont distincts, pour une raison simple : il existe aussi des comportements associés à des valeurs masculines, mais qui sont utiles ! La difficulté consiste donc à se débarrasser des aspects de la culture qui ne sont pas pertinents, tout en conservant ceux qui le sont.

Comment faire la différence ? Un article récent inventorie par exemple 28 croyances, pratiques ou attitudes supposément « masculines » [161]. Certaines, comme les températures trop froides dans les bureaux, les annonces de recrutement rédigées au masculin, ou les posters de *Star Trek* sur les murs, sont évidemment caricaturales et nuisibles. D'autres, comme celles qu'a inventoriées la troisième partie de ce livre, gagneront souvent à être remises en question : la valorisation excessive de la prise de risque, de la confiance en soi ou du charisme en est un exemple.

Le diagnostic se complique quand on aborde des croyances et des pratiques présentées comme masculines, mais qui, dans certains contextes au moins, ont une justification. L'idée que le monde est hostile et qu'il faut lutter pied à pied pour survivre est peut-être « viriliste », mais ce n'est pas forcément un mythe si vous êtes un sous-traitant automobile en difficulté. Tenir des réunions en dehors des horaires de bureau désavantage disproportionnellement les femmes, mais interdire toute réunion après 18 heures n'est peut-être pas possible dans une start-up qui n'a que trois mois de financement devant elle. Et on peut dénoncer comme masculin le fait de valoriser les contributions individuelles plutôt que collectives, mais les coups de génie d'une informaticienne ou d'un designer sont parfois décisifs.

Repenser sa culture pour la rendre plus inclusive ne veut donc pas dire la même chose pour toutes les entreprises, ni pour la même entreprise à deux moments différents. Le défi consiste à traquer les idées, les comportements et les routines inutiles qui ne reflètent que des habitudes historiques ou « miroirocratiques », sans rien sacrifier de ce qui contribue à la performance de l'entreprise.

SANS OUBLIER LE QUOTIDIEN…

En marge de ce travail de fond, pour créer une culture inclusive, le premier levier dont dispose n'importe quelle organisation est simplement celui du management au quotidien. Une étude récente a étudié les *micro-inclusions*[252]. On connaît les « micro-agressions », ces comportements subtils et souvent involontaires qui expriment un préjugé[253, 254]. De même, mais à l'inverse, les micro-inclusions sont des comportements apparemment anodins, mais qui signalent à une personne qu'elle est valorisée : prendre le temps de faire connaissance, proposer son aide, écouter avec une attention sincère, manifester son intérêt en posant des questions, complimenter sur le travail bien fait… ce sont, en somme, les manifestations tangibles de ce qu'on appelle parfois un management « bienveillant ».

L'étude a mesuré l'effet de quelques micro-inclusions sur plus de 2 000 personnes, dans une grande entreprise de la Silicon Valley. Sa conclusion : elles contribuent puissamment au sentiment d'inclusion, pour les minorités… et pour les autres. C'est dire qu'une culture inclusive commence tout simplement par un management de proximité attentif et humain. Il y a des évidences qui sont bonnes à rappeler.

L'inclusion, c'est permettre à tout le monde de s'intégrer à la culture d'entreprise. Mais c'est aussi faire évoluer sa culture pour qu'elle accueille tout le monde.

1. Encourager les groupes affinitaires.
2. Mettre en place un programme de mentoring.
3. Revoir les habitudes et pratiques stéréotypées dans la culture d'entreprise.
4. Pratiquer les « micro-inclusions ».

17

COMMENT RECRUTER SANS BIAIS ?

S'il est un domaine où tout le monde est conscient du besoin de diversité, c'est bien celui du recrutement. En France, la loi fait même obligation aux entreprises de former leurs personnels chargés du recrutement à la non-discrimination à l'embauche.

Le recrutement se trouve aussi être l'un des problèmes les mieux étudiés par la recherche en management depuis plus d'un siècle. Au risque de la caricature, on peut résumer ces travaux sur la sélection du personnel en une phrase : *pour bien recruter, il ne faut pas se fier à son intuition* [51, 255-257]. C'est la raison pour laquelle les entretiens traditionnels, qui sont de loin la méthode la plus universellement utilisée, sont l'un des pires outils qui soient : ils laissent une large place au jugement du recruteur. Et bien sûr, plus on laisse de place à l'intuition, plus on ouvre la porte aux biais et aux stéréotypes.

La recherche a démontré que les méthodes les plus efficaces sont au contraire les plus mécaniques [258, 259].

Les *mises en situation* et les *tests de compétence* en font partie : demander à quelqu'un d'effectuer un travail est une excellente manière de s'assurer qu'il en est capable. Les *tests d'aptitude cognitive générale*, ensuite, ont une bonne valeur prédictive, car il existe peu de postes pour lesquels il ne soit pas préférable d'être intelligent. On peut y ajouter des tests couvrant quelques *traits de personnalité* spécifiques, notamment l'intégrité et le fait d'être consciencieux. Enfin, de nombreux travaux ont démontré la valeur des *entretiens structurés*, qui conservent le rituel de l'entretien mais le contraignent considérablement : l'interviewer pose les mêmes questions à tous les candidats et évalue leurs réponses sur une grille prédéfinie, si bien qu'un entretien réellement structuré ressemble moins à une conversation qu'à un interrogatoire ou à un examen oral [260-262].

Pour prendre les meilleures décisions en général, comme pour limiter les biais et les préjugés qui nuisent à la diversité, ces méthodes ont fait leurs preuves. Il est bien sûr possible (et même recommandé) d'en utiliser plusieurs, mais à une condition : pour prendre la décision globale, les résultats des différentes méthodes doivent être combinés d'une manière constante et prédéfinie, par exemple, en calculant un score global qui utilise toujours les mêmes coefficients.

RÉSISTANCE MASSIVE

Il y a bien sûr beaucoup plus à dire sur ces méthodes, et j'ai souvent eu l'occasion d'en parler devant des auditoires de dirigeants. Un jour où je venais de m'adresser à un groupe de professionnels des ressources humaines, qui m'avaient écouté poliment, la directrice des ressources humaines d'une très grande entreprise française se pencha vers moi après que je me fus rassis : « Excellente présentation, me dit-elle. Vraiment très intéressant. Mais moi, vous savez, dès que le candidat sort de l'ascenseur, je vois tout de suite s'il va faire l'affaire. »

Cette anecdote illustre le problème auquel se heurtent depuis des décennies les chercheurs spécialisés dans ce domaine : de manière générale, les professionnels du recrutement ne tiennent aucun compte de leurs conclusions ! Le recrutement est peut-être le domaine du management où la déconnexion entre la recherche et la pratique est le plus complète. Comme l'écrivait en 2008 Scott Highhouse, expert reconnu du sujet, « la plus grande réussite technologique de la psychologie industrielle et organisationnelle au cours des cent dernières années est le développement d'aides à la décision [...]. Son plus grand échec a été son incapacité à convaincre les employeurs de les utiliser [263] ». L'étude des raisons de cette résistance massive est même devenue un champ d'étude à part entière [264].

Quelles sont les objections des professionnels du recrutement quand on leur parle de ces méthodes de sélection ? La plus fréquente et la plus évidente, c'est en substance : « J'ai confiance dans mon jugement. » C'est l'objection de la DRH qui juge les candidats dès leur sortie de l'ascenseur (ou de ceux qui jugent sur une poignée de main [265]), mais aussi de tous les professionnels qui se fient à une impression générale. Cette

DRH ne contestait pas les statistiques que je lui présentais sur la difficulté de faire les bons choix de recrutement, mais il lui semblait évident que ces statistiques ne s'appliquaient pas à elle, puisque son propre jugement était bien plus sûr que la moyenne.

On aura reconnu ici un problème dont nous avons déjà parlé : l'excès de confiance. En matière de recrutement, il est renforcé par une double asymétrie. Quand nous faisons une erreur de recrutement, la personne concernée quitte rapidement l'entreprise ; mais quand la collègue que nous avons recrutée fait une longue et brillante carrière, nous la croisons tous les jours. Et quand nous commettons l'erreur inverse, en ne recrutant pas une personne de talent, nous ne nous demandons pratiquement jamais ce qu'elle est devenue (est-elle, par exemple, en train de gravir les échelons chez notre concurrent direct ?). Mécaniquement, nous sommes exposés plus souvent et plus intensément à nos succès qu'à nos erreurs. Il n'est pas étonnant que l'expérience nous rende plus confiants dans la qualité de nos jugements, alors que la recherche démontre qu'elle les améliore en réalité assez peu [266].

Une deuxième catégorie d'objection concerne la nature de la décision de recrutement. « Nous ne recrutons pas seulement une compétence pour un poste, mais une personne pour son potentiel et pour son fit culturel avec notre entreprise », explique-t-on en substance. Intention louable, bien sûr : le contrat de travail n'est pas un contrat d'intérim, et il suppose un engagement dans la durée. Mais nous avons vu qu'il est étonnamment difficile d'apprécier le « potentiel », et que cette notion floue perpétue de nombreux biais. C'est le cas même quand on évalue des salariés déjà en poste, dont on observe chaque jour les performances et le comportement. Il faut donc une très grande foi dans le jugement des recruteurs pour croire qu'ils peuvent apprécier ce « potentiel » de long terme dans un entretien de quelques dizaines de minutes.

Quant au « fit culturel », c'est une notion encore plus problématique. Que la capacité d'un candidat à s'intégrer dans l'entreprise soit un des critères à prendre en compte ne fait de doute pour personne. Mais c'est la manière dont ce critère est apprécié, et le poids qu'on lui donne, qui posent question. La sociologue Lauren Rivera a analysé plus de 120 entretiens dans des cabinets d'avocats, des banques d'affaires et des cabinets de conseil, structures hautement sélectives qui insistent toutes sur l'importance de leur culture[267]. Son étude démontre que le « fit culturel » est l'alibi d'une reproduction culturelle quasiment parfaite de la population existante. « La similarité [avec le recruteur] est le mécanisme le plus couramment utilisé pour évaluer les candidats », observe-t-elle. Sous prétexte de choisir des personnes qui parviendront à s'intégrer, les recruteurs sélectionnent des personnes qui leur ressemblent, parfois de manière tout à fait intentionnelle, comme cet avocat qui explique : « Lorsqu'ils me parlent de leur parcours, il est plus facile de trouver des points communs et d'établir un lien. » On est face à un exemple assumé de miroirocratie ! Certes, qui se ressemble s'assemble. Mais qui assemble des gens qui se ressemblent ne compose pas une équipe diverse.

Une fois ces objections traitées, une troisième ligne de défense apparaît : « Nous savons bien qu'un entretien n'est pas parfait ; c'est pour cela que nous en faisons plusieurs. » Heureusement, est-on tenté de répondre… car il est exact qu'il vaut mieux faire plusieurs entretiens qu'un seul. Mais à une condition, toutefois : que les jugements des recruteurs soient scrupuleusement indépendants les uns des autres. Cette condition est rarement réalisée dans les organisations, où les participants à la décision s'influencent entre eux [51].

On arrive alors – enfin – à la vraie objection : « Les tests ? Il y a des gens qui réussissent brillamment des tests et que nous ne voudrions pas embaucher ! Au bout du compte, aucune méthode n'est parfaite : c'est pour cela que nous en combinons plusieurs avant de décider. » Utiliser une combinaison de méthodes pour faire face à l'incertitude, n'est-ce pas le signe d'un pragmatisme de bon aloi ?

Hélas, pas forcément. La plupart des recruteurs expliquent qu'ils recourent à des outils comme les tests pour « compléter » ou « confirmer » leur jugement. Superficiellement, il n'y a pas de conflit entre l'intuition et le test : ils utilisent les deux. Le problème est de savoir comment ils les combinent. Quand les résultats d'un test ne sont pas cohérents avec un entretien, que faire ? En pratique, l'arbitrage entre le test et le jugement est confié… au jugement. On dira, par exemple, « il n'a pas fait un bon test, mais il était brillant dans l'entretien : son mauvais score est sans doute une réaction au stress du test ». Ou, au contraire, « son score au test est bon, mais j'ai bien vu qu'elle n'est pas très à l'aise ; c'est visiblement quelqu'un d'un peu scolaire ». Faute d'une méthode de combinaison des résultats qui soit elle-même mécanique et prédéterminée, l'intuition (avec les biais qu'elle charrie) gagne à tous les coups. Les autres outils servent à la confirmer quand ils sont concordants ; on les ignore quand ils ne le sont pas[268].

Plus fondamentalement, ce qui conduit beaucoup de professionnels à ignorer les suggestions de la recherche est bien l'incertitude inhérente à la décision de recrutement, ou plus exactement *le refus d'accepter cette incertitude* et ses conséquences. Embaucher, c'est parier sur l'avenir avec une information limitée, voire mensongère : comme le raconte une dirigeante de start-up, « 100 % des CV de commerciaux que je reçois disent qu'ils ont dépassé leurs objectifs ; c'est à se demander pourquoi ils cherchent un job ». Quiconque a pratiqué cet exercice difficile a déjà fait « à l'instinct » des choix qui se sont avérés excellents, et en a vu d'autres, mûrement réfléchis et débattus, qui ont été désastreux. La question n'est donc pas de savoir si avec telle ou telle méthode, on commettra des erreurs (la réponse est oui !), mais si on fera *moins d'erreurs* qu'avec une autre méthode. C'est précisément à cette question que répondent les études. Admettre l'incertitude, reconnaître qu'aucune méthode n'est parfaite, est une excellente attitude. Mais elle devrait conduire un esprit rationnel à interroger la recherche pour choisir les outils les moins imparfaits. Il est tout à fait paradoxal de tirer argument de l'incertitude pour s'en remettre à l'intuition, qui est justement le moins fiable de ces outils.

DIX IDÉES PRATIQUES

Si ces arguments vous convainquent d'abandonner les entretiens traditionnels de recrutement, tant mieux. Mais l'expérience de nombreuses discussions avec des professionnels sur ce sujet, ainsi qu'une importante quantité d'études, suggèrent que ces lignes ne vous auront pas fait changer d'avis [262-264, 269]. Les habitudes sont trop ancrées, et surtout trop étroitement associées à l'identité professionnelle des praticiens du recrutement, pour être remises en question. Heureusement, sans repenser radicalement ses méthodes de sélection, il existe des manières plus immédiates d'améliorer et de diversifier son recrutement. En voici dix.

D'abord, on peut tout simplement *diversifier ses sources de recrutement* : c'est en partie parce qu'on puise toujours dans les mêmes viviers qu'on y trouve des personnes qui se ressemblent. Les entreprises qui vont toujours chercher des débutants dans le même petit groupe de grandes écoles ou d'universités se condamnent mécaniquement à limiter la diversité de leurs recrues [270]. Beaucoup de grandes entreprises collaborent aujourd'hui avec des acteurs du recrutement comme Mozaik RH, qui ciblent les jeunes diplômés issus de quartiers défavorisés. Quelques-unes utilisent la technologie pour intensifier cette collaboration, en interfaçant leur site « carrières » avec les bases de données de candidats, pour rendre leurs offres immédiatement visibles [271].

Cela implique aussi de *soigner sa communication* de recrutement. Car les détails pèsent parfois plus lourd qu'on ne le croit. Témoin, cette société de services informatiques qui insistait dans ses annonces de recrutement sur l'importance d'être « ambitieux·se » et « follement doué·e ». Prenant conscience que ces mots, même en écriture inclusive, évoquent des stéréotypes, elle les a modifiés, pour s'adresser à des personnes « enthousiastes à l'idée de créer des produits qui ont un impact durable ». Il a suffi de ce changement pour que la part de femmes dans les candidatures bondisse de 15 % à 35 %[272]. Il existe des outils d'intelligence artificielle qui optimisent la rédaction des annonces (ou d'autres textes sensibles, comme les revues de performance) *.

À l'étape suivante, celle de la présélection des CV, trois stratégies sont aujourd'hui utilisées par de nombreuses entreprises. La première est de réaliser une *présélection algorithmique.* Si le risque de « biais algorithmique » est bien réel[273, 274], ce n'est pas – contrairement à une idée reçue inlassablement répétée – une fatalité. Les algorithmes de sélection ne sont pas *nécessairement* discriminatoires[275]. De nombreuses expériences démontrent au contraire que, quand ils sont conçus pour cela, ils peuvent aider à lutter contre la reproduction « miroirocratique »[276].

Il n'en demeure pas moins que la qualité des outils actuellement utilisés est très variable. Par manque de ressources, d'accès aux données, ou de compétences techniques, il est hélas souvent impossible pour les entreprises utilisatrices de tester sérieusement la fiabilité, la validité et l'équité des logiciels de sélection qu'on leur propose[277-279]. De fait, pour des recruteurs

* Voir par exemple Textio (textio.com).

submergés par l'afflux des candidatures, le gain de temps constitue souvent un argument plus décisif que la qualité des décisions. Il y a là un danger sérieux, et largement sous-estimé. Toute organisation qui recourt à un algorithme de sélection devrait être capable d'en vérifier et d'en expliquer le fonctionnement. La tentation de se fier aux suggestions d'un algorithme présenté comme « intelligent » mais qu'on ne comprend pas pleinement doit être dénoncée pour ce qu'elle est : une forme de pensée magique.

Une deuxième stratégie possible consiste à préserver un tri manuel, mais à *expurger les CV des informations inutiles* *. Il s'agit d'abord de les anonymiser, pour éliminer les biais liés au nom, à l'adresse ou à la photo. Bien sûr, ces informations réapparaîtront quand vous rencontrerez la candidate, mais les stéréotypes produisent une grande partie de leurs effets au stade de la présélection [280]. Par la même occasion, on peut éliminer les informations parasites, qui n'ont pas de valeur diagnostique réelle, et qui contribuent à perpétuer la miroirocratie : avez-vous réellement besoin de savoir si une candidate joue au golf pour décider si elle mérite un entretien [281] ?

Ce principe, celui d'une sélection « à l'aveugle », semble incontestable. Son exemple le plus fameux est celui des orchestres symphoniques américains, où la part des femmes a bondi depuis que les auditions pour intégrer de nouveaux musiciens se font à travers un rideau [282]. Pourtant, dans plusieurs expériences, la mise

* Voir par exemple les solutions proposées par BeApplied (www.beapplied.com).

en place de CV anonymes s'est paradoxalement traduite par un recul de la diversité. En France, les entreprises qui participaient à un pilote du CV anonyme se sont avérées *moins* susceptibles d'interviewer des candidats issus de minorités quand les CV étaient anonymisés que quand ils étaient « bruts »[283]. De même, l'administration australienne a suspendu une expérimentation de CV anonymes après avoir découvert qu'elle diminuait légèrement les chances d'embauche des femmes[284].

Dans les deux cas, l'explication de ces résultats inattendus est un biais de sélection : les entreprises qui choisissent de participer à l'expérience pratiquaient déjà une politique active de diversité. L'anonymisation les empêche de continuer à pratiquer une forme de « discrimination positive », par exemple en interprétant avec plus d'indulgence les périodes inexpliquées d'un CV qui provient d'une banlieue réputée difficile. On ne peut donc pas en conclure que l'anonymisation serait contre-productive dans d'autres contextes*. Dans une entreprise qui ne se distingue pas déjà par une promotion active de la diversité, elle devrait y contribuer.

Une troisième stratégie de présélection, enfin, devrait sans doute être plus largement utilisée : c'est celle qui consiste à utiliser des *tests d'aptitudes en ligne* pour filtrer les candidatures *avant* de trier les CV. Le coût des tests est désormais faible, même pour des tests

* On ne peut pas non plus en conclure que ce serait une bonne idée de rendre *obligatoire* le CV anonyme, idée impraticable qui a pourtant bien failli devenir loi en France.

de bonne qualité (naturellement, comme pour les algorithmes de présélection, tous ne le sont pas) *. La variété des compétences qu'ils évaluent permet de les appliquer à un nombre croissant de postes, même très qualifiés : on peut facilement tester des compétences en langues, mais aussi en informatique ou en finance ; on peut utiliser des simulations pout tester des « *soft skills* » comportementaux ; et on peut bien sûr tester les aptitudes cognitives. Le fait de se soumettre à un test est un indicateur de motivation qui remplace avantageusement la lettre manuscrite d'autrefois. Et les jeunes générations ne trouvent rien à redire à ce mode de sélection, au contraire.

L'impact de ces outils sur la diversité du recrutement est potentiellement massif. Ce qui justifie économiquement qu'on concentre son recrutement sur les sources les plus prometteuses (par exemple, toujours sur les mêmes campus), c'est le coût élevé du tri des CV et surtout des entretiens de sélection. Or la préqualification par les tests permet, selon certaines estimations, de diviser par trois le nombre d'entretiens nécessaires à un recrutement. On peut donc se permettre d'être moins sélectif au départ : quand le coût de la prospection baisse, on peut aller chercher des pépites dans des filons moins riches. Et une fois cette démarche engagée, les stéréotypes s'effondrent. Comme le raconte un patron de start-up : « Avant, je recrutais dans les écoles françaises que je connais. Maintenant, pour des postes de développeur, je peux évaluer des candidats du

* Voir par exemple les tests de Maki (www.makipeople.com) ou d'AssessFirst (www.assessfirst.com).

monde entier, même quand le nom des universités où ils ont étudié et des entreprises où ils ont travaillé ne me dit rien. »

Tout le monde ne partage pas cet enthousiasme pour les tests de sélection[278]. Une critique fréquente cible l'utilisation de tests de *personnalité*, qui recherchent des traits présumés nécessaires pour un poste (voire pour une culture d'entreprise). Ces tests soulèvent en effet des questions sérieuses : quels traits considère-t-on comme souhaitables ? Peut-on les mesurer avec assez de précision ? Cette mesure prédit-elle le succès dans le poste ? Mais les tests d'*aptitude* sont moins contestables, puisqu'ils mesurent des compétences directement pertinentes pour un poste. Encore faut-il que les compétences testées soient bien celles que l'on recherche. À cet égard, la « gamification », qui transforme les tests en « jeux » pour les rendre plus acceptables, n'est pas forcément avantageuse. Car plus un test ressemble à un jeu vidéo, et plus il devient difficile de s'assurer qu'il mesure des aptitudes professionnelles pertinentes. Comme pour les algorithmes de tri des CV, la question qui se pose alors est celle de la validité prédictive des outils utilisés – et de la capacité des recruteurs à poser les bonnes questions pour s'en assurer.

Par ailleurs, comme dans le cas des CV anonymes, certaines données semblent mettre en doute l'efficacité des tests. Dans leur étude déjà citée, Dobbin et Kalev notent que la mise en place de tests à l'embauche dans les entreprises américaines a été contre-productive pour la diversité : là où ils sont utilisés, les Noirs sont 10 % moins nombreux. Mais l'explication est simple : dans l'immense majorité des cas, les tests y sont réalisés *à la fin* du processus de sélection, et à la discrétion des managers qui en sont chargés. Certains de ces managers utilisent donc les tests sélectivement… par exemple, en les imposant aux candidats issus de minorités, tout en en dispensant les Blancs ! C'est donc bien au stade de la présélection, et de manière systématique, qu'il faut les employer.

Plus généralement, le systématisme des procédures est un atout important. On pense souvent que la décentralisation et la proximité du terrain sont des facteurs de succès, mais en matière de diversité, les données suggèrent le contraire : il est préférable de *centraliser ses procédures de sélection*. Dans l'un des plus grands « testings » réalisés à ce jour, trois économistes américains ont envoyé 83 000 CV à 108 grandes entreprises [285]. Suivant une méthodologie éprouvée, ils ont mesuré les écarts de réponse quand on fait varier le genre du candidat, ou quand il porte un nom « typiquement noir » plutôt que « typiquement blanc » [286, 287]. L'étude conclut que la discrimination à l'embauche s'est réduite en moyenne (en ce qui concerne le sexisme, l'écart moyen est même nul), mais qu'elle reste très variable selon les entreprises. Quelles sont celles qui continuent à discriminer ? Principalement celles qui n'ont pas de points de contact centralisés, et qui laissent donc les managers locaux libres de leurs choix.

Quand, enfin, on arrive au stade des entretiens, il est utile de pratiquer les *entretiens en série*, c'est-à-dire de rencontrer successivement plusieurs personnes qui postulent à un emploi donné. Dans tous les domaines, nos jugements relatifs sont plus fiables que nos jugements absolus ; et ils sont aussi moins sensibles aux stéréotypes. Iris Bohnet et ses collègues ont ainsi pu démontrer qu'une évaluation conjointe, où l'on compare plusieurs individus, reflète mieux la performance réelle, et moins les stéréotypes, qu'une évaluation séparée [51, 288]. Concrètement, il suffit donc d'organiser les entretiens à des dates fixes, afin que chaque recruteuse puisse être en mode « comparatif ».

Une variante plus puissante encore de cette idée consiste à recruter pour *plusieurs postes à la fois*. Katy Milkman et ses collègues de Wharton ont démontré l'existence d'un « effet du choix isolé » : on est moins sensible à la diversité quand on recrute une seule personne que quand on en choisit plusieurs simultanément [289]. Illustration de cet effet : dans la haute fonction publique française, où chaque nomination est considérée individuellement, la part de femmes stagne autour de 30 % [290]. Mais quand on nomme simultanément les trente ou quarante membres d'un nouveau gouvernement, la parité s'impose (au moins dans les chiffres, sinon dans les responsabilités).

Quand il n'est pas possible de recruter « en bloc » un groupe de dirigeants, on peut au moins veiller à ce que la liste des candidats rencontrés avant la décision finale comprenne des candidats issus des groupes sous-représentés. Cette *diverse slate* (liste diversifiée) est l'une des politiques les plus largement adoptées par les grandes entreprises *. Si elle semble frappée au coin du

* Aux États-Unis, on parle de *Rooney rule*, du nom du propriétaire de club de football américain qui inspira à la NFL (la ligue

bon sens, pourtant, ses effets ne sont pas toujours visibles. Dans certains cas, c'est parce qu'elle est intentionnellement contournée : la banque américaine Wells Fargo, par exemple, est accusée d'organiser de faux entretiens avec des candidats « alibis » une fois que ses choix sont déjà faits[291]. Mais plus fondamentalement, il semble qu'inclure une seule femme (ou un seul Noir) dans une *shortlist* d'hommes blancs, surtout sous la « contrainte » d'une politique formelle, renforce la perception que ce n'est pas une candidate « sérieuse ».

Comment remédier à ce problème ? D'abord, en allongeant les *shortlists*. Selon une série de dix études portant sur plus de 3 000 décisions, passer de trois à six candidats par *shortlist* augmente d'environ un tiers le pourcentage de femmes que ces *shortlists* comprennent, en poussant les recruteurs à réfléchir de manière moins stéréotypée[292]. Ensuite, en s'assurant (si la seule extension des *shortlists* n'y suffit pas) que chaque liste comprenne *deux* candidats « divers », et non un seul. La probabilité que ceux-ci soient choisis décolle alors, bien au-delà du simple effet de nombre. Selon une étude de 2016, quand une *shortlist* de quatre personnes comprend une femme et trois hommes, la probabilité de recruter la femme serait quasi nulle, mais elle monterait à 50 % avec deux femmes et deux hommes[293]. Là encore, le nombre atténue les stéréotypes. La présence de plusieurs femmes réduit la perception de différence, et donc de risque, pour les décideurs.

---

nationale) de considérer des candidats noirs aux postes d'entraîneur.

Toutes ces idées sont autant de manières de faire progresser rapidement la diversité sans faire le moindre compromis sur la qualité. Car si on peut toujours espérer que l'évolution des mentalités fera reculer les discriminations, le plus sûr moyen de progresser reste de mettre en place des pratiques qui empêchent les préjugés de se traduire en décisions.

La plupart des entreprises devraient changer leurs méthodes de sélection du personnel. La recherche de diversité est une excellente raison de s'y mettre.

1. Diversifier ses sources.
2. Soigner sa communication.
3. Faire une présélection algorithmique (avec des logiciels validés).
4. Anonymiser et neutraliser les CV.
5. Utiliser des tests d'aptitude en présélection.
6. Centraliser les procédures de sélection.
7. Pratiquer les entretiens en série.
8. Recruter pour plusieurs postes à la fois.
9. Imposer une *shortlist* diversifiée.
10. Allonger les *shortlists*.

18

COMMENT FAIRE DES ÉVALUATIONS PLUS ÉQUITABLES ?

Si de meilleures procédures de recrutement vous ont permis d'obtenir plus de diversité à l'embauche, la bataille est-elle gagnée ? Non, bien sûr. On l'a vu, le problème clé des entreprises est que, même quand il y a de la diversité à la base, il y en a beaucoup moins au sommet. Le constat est identique dans beaucoup de domaines de la recherche, de l'enseignement, ou de l'administration. Il est souvent désigné par une métaphore inélégante, mais explicite, le *leaky pipeline*, ou « pipeline qui fuit » [294, 295].

Une partie de cette attrition est certes volontaire. Mais les chiffres déjà cités * suggèrent clairement que quelque chose ne va pas dans la manière dont les performances sont évaluées et les promotions décidées. Même les décisions d'évaluation les plus extrêmes ne sont pas équitables : une étude portant sur plus d'un million de conseillers financiers américains a démontré

---

* Voir le chapitre 9.

que, lorsqu'elles se rendent coupables d'un comportement contraire à l'éthique, les femmes sont punies plus sévèrement que les hommes (elles ont 20 % de risques de plus d'être licenciées)[296].

En théorie, ce problème a une solution simple : la méritocratie, celle que toutes les entreprises disent pratiquer pour fixer les salaires et décider des promotions ou des sanctions. Si l'on évalue tout le monde de la même manière, pense-t-on, il n'y a pas de raison que des différences entre populations apparaissent – sauf, bien sûr, si elles sont justifiées. Mais en pratique, la méritocratie dans les évaluations se heurte à deux obstacles. Celui des critères de « mérite », d'abord : si ceux-ci sont en réalité « miroirocratiques », ils pénalisent quiconque ne se conforme pas aux stéréotypes. Celui de la méthode, ensuite : plus on laisse d'autonomie aux managers dans l'évaluation de leurs équipes, et plus leurs préjugés, explicites ou non, s'expriment dans leurs décisions.

Tant que les critères ne sont pas suffisamment factuels et les processus de décision pas assez contrôlés, il ne sert à rien d'insister sur la méritocratie. Le résultat peut même être inverse, comme dans une étude expérimentale sur le « paradoxe de la méritocratie ». Cette étude a montré que, lorsqu'une organisation affiche la méritocratie comme une de ses valeurs clés, les écarts de rémunération entre hommes et femmes ne sont pas réduits, mais accrus ! Pourquoi ? Parce que l'excuse de la méritocratie rassure les managers qui fixent les bonus. Ceux-ci se sentent alors plus libres de différencier les évaluations… et d'exprimer leurs préjugés[297].

TRAQUER LE FLOU DES CRITÈRES

Répétons-le : les stéréotypes du leadership sont des stéréotypes d'homme (blanc, cisgenre, hétérosexuel, valide). Tout ce qui fait reposer nos jugements sur la conformité à des stéréotypes nuit donc à la diversité, comme dans l'exemple d'AlphaCo qui, implicitement, valorisait chez ses cadres un comportement agressif.

Bien sûr, contrairement à AlphaCo, vous évaluez sans doute vos collaborateurs sur des critères prédéfinis. C'est le cas dans l'immense majorité des entreprises d'une certaine taille, qui, ne serait-ce que pour se prémunir contre des procès en discrimination, formalisent leurs évaluations. La question est de savoir si ces critères sont assez précis pour ne pas être influencés par un stéréotype du leader. Comme le « fit culturel » au recrutement, le « potentiel », nous l'avons vu, est un exemple de critère si flou qu'il reproduit les stéréotypes.

Un autre critère tout aussi mal défini est la « présence », qualité assez mystérieuse, mais présente (c'est le cas de le dire) dans de nombreuses grilles d'évaluation. Les banquiers et les avocats observés par Lauren Rivera dans son étude parlent de « présence » et de « prestance » (*polish*) pour évoquer les compétences nécessaires aux interactions avec les clients. Et l'ex-consultante devenue coach Lisa Sun raconte que ses supérieurs lui reprochaient, comme à beaucoup de femmes, de « manquer de *gravitas* », ce qu'on pourrait traduire par « être un poids léger » [298]. Quel que soit le nom qu'on lui donne, la présence est perçue comme un ingrédient essentiel du succès : « Vous pouvez avoir l'expérience et les qualifications d'un leader, mais sans présence exécutive, vous ne progresserez pas », explique par exemple Sylvia Ann Hewlett dans son livre *Executive Presence.* Heureusement, il ne manque pas de manuels pour vous aider à développer ce talent : *Présence,* d'Amy Cuddy, a même trouvé plus d'un demi-million de lecteurs.

Soit… mais qu'est-ce donc que la présence ? « Un amalgame de qualités que les vrais leaders dégagent, une présence qui indique que vous avez des responsabilités ou que vous méritez d'en avoir », pour Hewlett. Vous avez bien lu, la présence, c'est… la présence. Selon Amy Cuddy, c'est « l'état dans lequel nous cessons de nous préoccuper de l'impression que nous faisons sur les autres et ajustons plutôt l'impression que nous faisons sur nous-mêmes ». On ne peut que souhaiter bonne chance à qui devra évaluer des compétences aussi évanescentes…

On pourrait multiplier les exemples de critères théoriquement méritocratiques, mais si subjectifs qu'ils ne peuvent pas l'être. La première condition d'une évaluation neutre est donc de traquer tous les critères qui font appel à des évaluations exagérément subjectives, et en particulier ceux qui évoquent des stéréotypes. Peut-on s'en passer ? Les remplacer par des indicateurs de performance plus tangibles ? Les rendre plus objectifs ? Les évaluer de manière plus collégiale ? La réponse à ces questions n'est pas la même pour tous les critères de performance, ni pour toutes les entreprises. Mais tant que la définition du succès repose sur d'indéfinissables je-ne-sais-quoi, il ne faut pas s'étonner que la diversité ne progresse pas.

LE PROBLÈME DE L'AMBITION

Un autre critère quasi universellement utilisé mérite une mention particulière : celui de l'ambition, ou de la motivation. Cette personne, demandera-t-on, est-elle réellement motivée ? Est-elle prête à faire les efforts et les sacrifices nécessaires pour réussir dans son prochain poste ? Il semble évident, bien sûr, que la motivation est nécessaire pour faire face à un nouveau défi. Et, souvent, l'application de ce critère défavorise les femmes, perçues comme plus soucieuses de leur équilibre de vie et moins ambitieuses dans le sens conventionnel de la progression de carrière.

Le sont-elles en réalité ? Dans une méta-analyse de 2022, Ekaterina Netchaeva et ses coautrices ont compilé 140 études, étalées sur une période de soixante ans, où des femmes et des hommes ont été interrogés sur leurs aspirations. Il s'avère que les hommes affichent effectivement des ambitions plus grandes que les femmes, ce que les autrices de l'étude expliquent par la persistance de stéréotypes sur le leadership, internalisés par les femmes comme par les hommes.

Cette différence n'est pas à première vue déterminante : son amplitude, selon la mesure que nous avons présentée au chapitre 6, est $d = 0,22$. Mais elle est amplifiée par un phénomène de cascade. L'accès au leadership n'est pas un événement unique : c'est une pyramide à gravir. Une petite différence de motivation à chaque marche réduit donc la population qui peut gravir la marche suivante. Dans une organisation où huit niveaux hiérarchiques séparent la base du sommet, une différence d'amplitude $d = 0,22$ dans les niveaux d'ambition se traduirait mécaniquement par un ratio de deux hommes pour une femme au niveau le plus élevé [299].

Les stéréotypes, cependant, n'expliquent pas tout. Dans certains contextes au moins, l'ambition apparemment moindre des femmes n'est pas seulement la cause de leur stagnation, mais aussi sa conséquence. Une étude récente a demandé à 2 400 femmes travaillant dans des environnements majoritairement masculins d'indiquer leur volonté de faire des sacrifices, mais aussi d'évaluer leurs chances de succès si elles en font. Il en ressort que les femmes, comme les hommes, évaluent les sacrifices qu'elles sont prêtes à faire de manière rationnelle : à l'aune de leurs chances de promotion. Quand les femmes ont en réalité des chances de succès moindres, et quand elles le savent, elles sont prêtes à moins de sacrifices. Leur moindre motivation apparente est une réaction logique à des promotions discriminatoires, en même temps qu'un facteur qui y contribue [300].

Pour briser ce cercle vicieux, il est donc essentiel que les décisions d'évaluation et de promotion soient non seulement objectives et méritocratiques, mais perçues comme telles. Ce n'est pas simple : même avec des critères absolument objectifs, l'égalité n'est pas garantie. Une étude réalisée chez les chauffeurs de VTC a ainsi observé un écart de rémunération horaire de l'ordre de 7 % entre les hommes et les femmes. Comment est-ce possible, alors que les tarifs appliqués sont évidemment les mêmes pour tous, et administrés par un algorithme qui ignore le genre des chauffeurs ? D'une part, parce que les hommes ont en moyenne plus d'expérience en tant que conducteur de VTC que les femmes, ce qui les aide à choisir les bons quartiers et les bons horaires pour optimiser leurs revenus. D'autre part parce que les femmes conduisent imperceptiblement moins vite, et réalisent donc moins de kilomètres en une heure de travail[301]. Ces deux explications renvoient à leur tour à des différences dans l'organisation des ménages et dans la manière dont les femmes et les hommes sont socialisés. En d'autres termes, la société de VTC applique des critères purement objectifs, mais dans un contexte sociétal qui n'est pas égalitaire, ces critères produisent des résultats disparates. Devrait-elle en changer ? Vaste débat. Mais si toutes les sociétés étaient déjà aussi proches de l'égalité réelle dans l'évaluation de leurs collaborateurs, ce serait assurément un progrès...

L'INÉVITABLE FACTEUR HUMAIN

Quels que soient les critères d'évaluation qu'on applique, la personne qui les applique compte plus encore. Même quand il existe des critères objectifs de performance, presque toutes les évaluations (et surtout celles des postes les plus importants) reposent en bonne partie sur des jugements humains dans lesquels entre une importante composante discrétionnaire. Or les entreprises ne sont pas des machines, et les managers ne sont pas des robots. C'est ce qui explique l'étonnante variabilité des évaluations : des études menées sur les revues de performance à « 360° », où chaque personne reçoit des notes de plusieurs évaluateurs, montrent que la performance réelle n'explique que

20 % à 30 % de la variance des évaluations. Le reste a plus à voir avec l'évaluateur qu'avec la performance évaluée [51, 302].

Cette variabilité fait naturellement naître le soupçon que les affinités, la proximité, les réseaux (y compris extraprofessionnels) jouent un rôle dans leurs évaluations. Dans de nombreuses études, les femmes et les personnes issues de minorités disent leur sentiment d'être exclues de ces réseaux informels. Qu'on parle du « *old boys' club* » dans les banques, des réseaux d'anciens de telle ou telle école, ou même des liens que créent les *afterworks* arrosés dans les start-up, celles et ceux qui n'en font pas partie s'inquiètent des conséquences de ce phénomène sur leurs chances de promotion.

Ces craintes sont, hélas, justifiées. Une étude conduite dans une grande banque d'Asie du Sud-Est a quantifié l'effet des liens sociaux sur les promotions. En observant les activités sociales des managers et des employés, elle conclut que la différence de fréquence des contacts face à face explique à elle seule le tiers de l'écart de promotions entre hommes et femmes. Détail parlant, non seulement les hommes promeuvent plus souvent des hommes, mais les fumeurs promeuvent plus souvent des fumeurs : le temps passé à fumer ensemble sur le trottoir devant l'entrée du bureau est une formidable occasion de nouer des liens pour faire avancer sa carrière [303] !

Les managers en question nieraient bien sûr vigoureusement avoir une préférence pour leurs compagnons de tabagie, ou plus généralement un biais en faveur des individus qui les courtisent le plus assidûment. Il n'est donc pas réaliste d'espérer éliminer ces effets par la formation. Pour corriger les disparités d'évaluation, les entreprises ont un levier d'action bien plus efficace : ce sont elles qui fixent la manière dont les évaluations se déroulent. Et l'organisation pratique des évaluations et des promotions a un impact considérable sur leur équité. Les nombreuses études réalisées sur ce sujet suggèrent au moins sept pratiques bénéfiques (même si toutes ne sont pas applicables à toutes les organisations).

CHANGER DE MÉTHODE

En premier lieu, il est toujours souhaitable que les évaluations ne soient pas faites une à une, mais de manière *comparative et collégiale.* Évaluer une performance est difficile, comparer deux performances l'est un peu moins : les jugements comparatifs sont plus fiables et moins sensibles aux stéréotypes. Plus généralement, réunir plusieurs managers pour évaluer ensemble les performances de leurs équipes est une manière efficace de limiter la subjectivité des évaluations. Beaucoup d'entreprises ont pris l'habitude des évaluations groupées quand elles ont mis en place des systèmes de *forced ranking* (classement forcé). On l'a vu, c'est une pratique à bannir *. Mais le principe de l'évaluation collégiale, avec la discipline qu'elle impose, peut lui survivre : on peut se réunir pour évaluer ensemble plusieurs équipes de collaborateurs sans pour

* Voir le chapitre 14.

autant s'astreindre à respecter une distribution prédéfinie des notes (avec les conflits qu'elle engendre).

Une pratique moins répandue consiste à *responsabiliser les managers sur l'absence de biais* dans leurs évaluations. Il ne s'agit bien sûr pas d'interdire toute disparité entre groupes, mais de signaler que ces disparités seront analysées, et que les managers qui ont pris ces décisions doivent pouvoir les justifier. Nombre de travaux de psychologie sociale ont en effet démontré que l'expression des biais est plus forte lorsque les décideurs ont le sentiment que leur jugement ne sera pas examiné de près [304]. Le simple fait de savoir qu'on peut devoir rendre des comptes rend les évaluations plus objectives.

On peut aller plus loin, et *rendre transparentes les inégalités d'évaluation et de rémunération.* Emilio Castilla, l'un des découvreurs du « paradoxe de la méritocratie » évoqué plus haut, a testé l'effet de la transparence dans une étude portant sur les évaluations de plus de 9 000 employés d'une société de services américaine. La société a simplement décidé de publier les augmentations de salaire moyennes au sein de chaque unité, décomposées par genre et par appartenance ethnique. Naturellement, les écarts se sont immédiatement atténués jusqu'à disparaître [305].

Dans certains (rares) cas, il est possible de pousser plus loin encore la transparence, et de *rendre visibles les évaluations et les rémunérations individuelles.* Connaître le salaire de ses collègues demeure un tabou dans la plupart des entreprises, mais pas dans les universités publiques américaines, tenues par la loi de publier les rémunérations de leurs professeurs. En exploitant le fait que cette obligation est survenue à des moments différents selon les universités, Tomasz Obloj et Todd Zenger ont pu mesurer l'effet que produit cette transparence radicale. L'effet est lui aussi radical : la transparence atténue considérablement les disparités entre genres. Dans le même temps, cependant, elle produit un effet inattendu, qui est de réduire la variance totale des rémunérations. Celles-ci ne deviennent pas seulement moins inéquitables, mais aussi plus égalitaires. Il semble que la visibilité empêche de laisser perdurer des injustices flagrantes, mais aussi de pratiquer des rémunérations très différenciées, même quand la performance (mesurée au nombre de publications, prix, bourses, brevets, etc.) le justifierait objectivement[306]. On peut trouver cet effet de nivellement bénéfique ou intempestif, et rien ne garantit d'ailleurs qu'il serait identique dans une autre organisation. En tout cas, cette étude confirme l'idée générale que la transparence responsabilise les décideurs et atténue les écarts injustifiables.

Des différences apparemment mineures dans la manière dont sont administrés les processus d'évaluation peuvent aussi avoir des effets insoupçonnés. Dans beaucoup d'entreprises, les employés sont invités à s'autoévaluer, et cette autoévaluation sert de base à la revue de performance avec le manager. L'intention est excellente, bien sûr : la personne évaluée s'assure ainsi que toutes ses contributions sont bien prises en compte ; et le manager gagne un temps précieux dans la rédaction de l'évaluation. Le problème, on l'aura deviné, est que tous les employés ne s'autoévaluent pas avec la même rigueur… L'analyse de 100 000 évaluations dans 170 sociétés différentes révèle ainsi une légère tendance des femmes à se sous-évaluer par rapport à la perception de leur manager et de leurs pairs[307]. Dans ce contexte, il semble prudent, pour réduire les inégalités, de *bannir les autoévaluations.*

Un phénomène similaire est à l'œuvre dans les promotions internes. De nombreuses organisations ont constaté que, lorsqu'un poste s'ouvre, les femmes hésitent plus que les hommes à se porter candidates. Selon une enquête BVA de 2022, 48 % des femmes managers auraient déjà renoncé à se porter candidates pour des postes à responsabilités alors qu'elles en avaient les capacités. Chose intéressante, le chiffre est inférieur pour les hommes, mais loin d'être nul : 41 %[308]. Les entreprises passent donc à côté de bons candidats des deux sexes, alors qu'elles pourraient les *identifier proactivement.* Certaines entreprises, comme Google, écrivent aux candidates qualifiées pour les inciter à se lancer[309]. On peut même aller plus loin, et « nominer » des candidates (et des candidats) sans attendre qu'ils postulent. Deux études récentes suggèrent que passer de l'*opt-in* (où il faut faire acte de candidature) à l'*opt-out* (où toutes les personnes qualifiées sont candidates, sauf décision expresse de ne pas l'être) contribue à réduire l'écart entre les candidatures masculines et féminines[310, 311].

Une dernière recommandation pratique ressort de nombreux travaux de recherche, et concerne la *gestion des négociations salariales.* À l'embauche mais aussi lors d'une promotion, il faut fixer une rémunération. Est-elle négociable, ou est-elle « à prendre ou à laisser » ?

Lorsque la réponse à cette question est ambiguë, on constate que les hommes négocient plus que les femmes, et obtiennent donc de meilleurs salaires. C'est le cas, on l'a vu, des jeunes diplômés de grandes écoles. Mais une étude randomisée conduite aux États-Unis sur 2 500 personnes a fait une observation étonnante : il suffit de mentionner explicitement que les salaires sont négociables pour que ces différences disparaissent complètement[312]. Pour une entreprise qui souhaite réduire le *gender gap*, le choix est donc simple : soit s'en tenir fermement à un salaire non négociable, soit annoncer clairement qu'il l'est.

Les disparités dans les évaluations et les promotions sont un problème tenace. Dans beaucoup d'organisations, où les inégalités à l'embauche ont quasiment disparu, elles sont le nœud du problème de diversité dans le *top management.* Sans doute ce nœud entrelace-t-il des causes historiques, psychologiques et sociales complexes. Mais plutôt que de s'acharner à le dénouer à grand renfort de formations censées faire évoluer les mentalités, il est temps de le trancher avec l'arme dont disposent toutes les organisations : celle des *process.*

Pour rendre les évaluations plus neutres, on peut attendre que les mentalités changent... mais on peut aussi mettre en place des critères d'évaluation objectifs et des processus de décision transparents.

1. Formaliser des critères précis et objectifs.
2. Évaluer de manière comparative et collégiale.
3. Responsabiliser les managers sur l'absence de biais.
4. Rendre transparentes les inégalités de rémunération, voire les évaluations individuelles.
5. Bannir les autoévaluations.
6. Passer de l'*opt-in* à l'*opt-out* pour les promotions internes.
7. Rendre les salaires non négociables *ou* signaler clairement qu'ils le sont.

19

QU'EST-CE QU'UNE ORGANISATION FLEXIBLE ?

Chaque année, début novembre, alors que les jours raccourcissent et que le temps se fait maussade, l'horizon des femmes est obscurci par une mauvaise nouvelle supplémentaire : désormais et jusqu'au réveillon, elles travailleront gratuitement !

Cette formulation choc n'est bien sûr pas à prendre à la lettre, mais elle fait référence à une inégalité bien réelle de revenus salariaux. La date du 8 novembre (en 2024) est celle à laquelle il reste 14 % des jours ouvrables de l'année ; et ce chiffre est la différence entre les salaires des hommes et ceux des femmes en équivalent temps-plein [313]. L'écart est encore plus important sur le salaire effectivement perçu : les femmes étant plus nombreuses à travailler à temps partiel, elles touchent, à la fin du mois, 24 % de moins que les hommes [314].

Sombre tableau… qui contraste pourtant avec le discours de certaines économistes, et pas des moindres. Dans son discours de réception du prix Nobel en 2023,

Claudia Goldin se félicitait que « les femmes so[ie]nt désormais au centre de l'économie mondiale[315] ». Un de ses articles récents s'intitule même « Pourquoi les femmes ont gagné »[316].

Pourquoi tant d'optimisme ? Parce que le film rend beaucoup plus confiant que la photo. L'écart de revenu reste certes important, mais il s'est réduit de 10 points depuis 1995 en France, et d'autres pays sont sur la même trajectoire[317]. Mieux éduquées et plus expérimentées, les femmes accèdent à de meilleurs emplois, et les occupent de plus en plus à plein temps. Ces deux tendances lourdes faisaient dire à Claudia Goldin dès 2014 que « la convergence des rôles des hommes et des femmes figure parmi les plus grands progrès de la société et de l'économie au cours du siècle écoulé[318] ».

Que reste-t-il à faire ? L'écart de revenu à temps de travail égal (14 %, donc) se décompose à son tour en deux composantes de taille très inégale. Les deux tiers de l'écart tiennent à la « ségrégation professionnelle », c'est-à-dire au fait que les hommes et les femmes ne font pas les mêmes métiers. Les femmes sont très fortement surreprésentées dans les professions les moins rémunératrices (aides ménagères, aides-soignantes, caissières de magasin...)[319]. Il faut bien sûr rendre ces professions moins exclusivement féminines (ne serait-ce que parce qu'elles peinent à recruter). Mais ces évolutions prendront du temps, et ne dépendent pas entièrement des entreprises.

Ce qui relève de ces dernières, en revanche, c'est l'écart « résiduel » ou « inexpliqué », à temps de travail, profession et employeur identiques. Cet écart résiduel ne peut résulter que de caractéristiques non prises en compte dans les données (ancienneté, expérience, performance, etc.), ou, bien sûr, d'une forme de discrimination. En moyenne, l'Insee estime cet écart à 3,8 % [313]. Et celui-ci n'est pas concentré sur les emplois de « première ligne », bien au contraire. En France, l'écart de salaire hommes-femmes est *quatre fois plus important* chez les cadres que chez les employés (16 % contre 4 %) [320]. Le tableau est le même aux États-Unis, où l'écart a diminué beaucoup plus lentement au sommet de la distribution des salaires qu'au milieu ou au bas de l'échelle, et reste nettement plus important dans les rémunérations les plus élevées [317]. Ce qu'on retrouve ici, c'est donc le problème de l'accession des femmes aux postes les plus rémunérateurs.

La décomposition des écarts de salaire entre femmes et hommes varie considérablement d'une entreprise à l'autre. Toute démarche de progrès doit donc impérativement commencer par un diagnostic précis [321]. Et il est probable, une fois les données recueillies, que les solutions pour réduire les écarts appelleront des changements dans un domaine qui ne vient pas forcément à l'esprit quand on parle d'inégalités de salaire : celui de l'organisation du travail.

QUAND LES HEURES (ET LES ANNÉES) COMPTENT DOUBLE

Claudia Goldin a analysé les carrières d'une cohorte de femmes et d'hommes diplômés du MBA de la prestigieuse Booth School de Chicago [318]. À leur sortie de l'école, les salaires des femmes et ceux des hommes sont peu différents. Mais dix à quinze ans plus tard, les femmes gagnent 45 % de moins que les hommes ! L'essentiel de l'écart s'explique par deux facteurs : les interruptions de carrière d'une part ; le travail à temps partiel d'autre part. Dans les deux cas, c'est souvent l'arrivée des enfants qui déclenche ces choix ; et les femmes les font plus souvent lorsque leur conjoint a des revenus confortables. L'analyse d'un échantillon de diplômées en droit de l'Université du Michigan aboutit sensiblement aux mêmes conclusions.

Jusqu'ici, l'analyse évoque un thème récurrent dans le débat sur l'accès des femmes aux responsabilités de management : celui de l'*opting out*, selon lequel elles feraient le choix du confort de vie, au détriment de la compétition économique [322]. Mais le cliché doit être sérieusement nuancé. D'abord, la part des femmes très diplômées qui quittent le monde du travail pour se consacrer à leurs enfants est en réalité faible : 17 % parmi les diplômées du MBA de Booth ; 11 % parmi celles de Harvard. Et surtout, il n'est pas exact de suggérer qu'elles ont « opté » dans ce sens : « la grande majorité partent à contrecœur et en dernier recours », note une étude [323]. Tout suggère que ce « choix », quand il est fait, n'est pas le leur.

Quels choix, alors, conduisent à ce résultat ? En substance, explique Claudia Goldin, des choix d'organisation. Beaucoup d'entreprises ne favorisent ni la qualité du travail, ni même sa quantité, mais son *intensité* et sa *continuité*. L'économiste démontre par exemple que, chez les avocats, les revenus croissent plus que proportionnellement aux heures travaillées : entre l'avocate qui facture à ses clients 40 heures par semaine et celle qui en facture 20, l'écart de revenu n'est pas du simple au double, mais, par le jeu des évaluations et des promotions qui en résultent, bien plus grand. Cette non-linéarité favorise ceux qui peuvent fournir un travail intense et concentré dans le temps. Ce sont plus souvent des hommes.

L'étude des MBA illustre un phénomène différent : celui des interruptions de carrière, souvent consécutives à la naissance d'un enfant. En moyenne, une absence de 18 mois sur une carrière de 10 ans, soit 15 % d'absence, se traduit par une chute de revenus de 41 % ! Là aussi, l'effet est fortement non linéaire : toute interruption de carrière chez ces cadres d'entreprise est sévèrement sanctionnée, plus nettement que chez les avocats (29 %) ou les médecins (15 %) [318]. La non-linéarité récompense cette fois la continuité de carrière, ce qui, là encore, favorise les hommes.

Ces choix d'organisation n'ont rien d'une fatalité. Chez les pharmaciens, une autre profession très qualifiée et qui compte, aux États-Unis, parmi les plus rémunératrices, les revenus varient de manière quasi linéaire en fonction du temps de travail. Les pharmaciennes qui gèrent une pharmacie gagnent plus, mais principalement parce qu'elles travaillent plus d'heures. Et si un pharmacien travaille à temps partiel, sa rémunération baisse de manière proportionnelle, pas plus. Ce n'est pas, note Claudia Goldin, le résultat d'une législation antidiscrimination ou d'une spécificité technologique de cette profession, mais la conséquence de choix d'organisation dans les grandes chaînes de pharmacies qui dominent le marché américain.

RIGIDITÉ INSURMONTABLE

En somme, dans certains des métiers les plus rémunérateurs, pour accéder aux postes les plus élevés, il ne suffit pas de travailler beaucoup et bien : encore faut-il travailler sans interruption au cours de sa carrière, et (au moins par moments) de manière très intense dans une semaine ou une journée. À ce jeu, il n'est pas étonnant, comme le conclut Claudia Goldin, que beaucoup de femmes « trouvent la rigidité du travail insurmontable ».

Fort heureusement, beaucoup d'entreprises mettent en place des règles qui encouragent la flexibilité, en allant au-delà des normes légales sur les congés parentaux et le temps partiel. Sans entrer dans le détail des modalités de ces programmes, il faut souligner que des politiques apparemment « neutres » ne suffisent pas à résoudre le problème de rigidité dont il est question ici. Le meilleur exemple en est fourni par une autre profession qui récompense l'intensité du travail, celle des professeurs dans les universités nord-américaines. Les jeunes profs travaillent d'arrache-pied pour obtenir leur titularisation (*tenure*) dans un délai donné, généralement de sept ans. Comme ce compte à rebours intervient à l'âge où l'on a des enfants, beaucoup d'universités en tiennent compte : elles « arrêtent l'horloge » pendant un an lors de la naissance ou de l'adoption d'un enfant, quel que soit le genre du professeur. Cette politique rééquilibre-t-elle les chances de titularisation des femmes ? Pas du tout ! Elle les fait baisser de 19 %, et augmente en revanche celles des hommes de 17 %. Car, pendant que les femmes prennent effectivement un congé parental, les hommes mettent à profit cette année supplémentaire pour écrire et publier plus d'articles[324]. Dans une société qui n'est pas égalitaire, des règles qui tentent de moduler la rigidité de l'organisation de la même manière pour tout le monde ne peuvent pas produire des résultats équitables *.

On peut bien sûr souhaiter que la société évolue de telle manière que les rigidités des organisations ne désavantagent pas disproportionnellement les femmes. Si le temps nécessaire à la gestion du foyer et à l'éducation des enfants était équitablement partagé entre les femmes et les hommes, elles souffriraient moins de ces rigidités – ou, plus exactement, les hommes en souffriraient autant. Mais ce ne sont pas les entreprises qui en décident. Et pour elles, parler de la nécessité de rééquilibrer le travail domestique est une manière commode de ne pas s'interroger sur leur propre organisation, et de renvoyer le problème à leurs cadres : « Si vous voulez faire carrière, débrouillez-vous pour que votre conjoint fasse sa part à la maison ! »

Il existe une autre manière de s'attaquer à ce problème. C'est de remettre en question la rigidité de l'organisation. Pourquoi faut-il nécessairement que la compétition pour les postes les plus prestigieux soit fondée sur la capacité à travailler intensément et sans interruption ? Quelle nécessité opérationnelle le justifie ?

Claudia Goldin fournit un début de réponse à cette question en identifiant les caractéristiques des emplois

---

* Dans certaines universités, l'« arrêt de l'horloge » est réservé aux femmes. Ces politiques « genrées » sont moins nombreuses et plus anciennes. L'étude ne permet pas de conclure de manière définitive quant à leur efficacité, mais l'effet pour les femmes semble proche de zéro.

où les écarts de salaire entre genres sont les plus élevés. Ce sont ceux où l'on travaille souvent sous pression de temps, où l'on construit des relations interpersonnelles qui mettent du temps à se développer, et où l'on est libre de structurer soi-même son travail et de prendre des décisions. Exemple type : l'avocat qui pilote seul la relation de son cabinet avec un client important. L'avocat est alors difficilement substituable. C'est une source de rigidité qui le conduit à travailler beaucoup et de manière imprévisible, mais qui augmente en retour son pouvoir de négociation vis-à-vis du cabinet : rien de tel que d'être irremplaçable…

QUAND LES GAGNANTS RAFLENT TOUT

Mais bien sûr, les cimetières sont peuplés de gens irremplaçables. La substituabilité est avant tout une question d'organisation. La première piste de travail pour les entreprises est donc d'aller dans le sens d'une organisation du travail plus collégiale, moins centrée sur les exploits individuels et plus sur le travail d'équipe. Claudia Goldin souligne que beaucoup de secteurs et d'entreprises où les relations avec les clients étaient très personnalisées ont évolué vers des modèles plus collégiaux, par exemple dans l'immobilier. Dans toutes les professions de conseil, la tendance est à s'organiser en équipe pour mieux servir un client en lui apportant des compétences complémentaires – ce qui a l'avantage annexe d'atténuer la domination des « faiseurs de pluie » qui accaparaient traditionnellement la relation professionnelle avec le client [325]. Même les médecins s'organisent de plus en plus souvent pour être remplaçables, ce qui allège leurs contraintes horaires et augmente leur flexibilité.

Une autre piste est de lutter contre le « présentéisme », la tendance à valoriser les heures de présence plutôt que le résultat. Une étude récente a souligné que les femmes sont prêtes à accepter un salaire plus bas pour réduire leur temps de trajet [326], ce qui s'explique vraisemblablement par la charge de travail domestique, mais aussi par le besoin de faire face à des imprévus. D'autres suggèrent que la possibilité de travailler à distance réduirait la pénalité que subissent les femmes après la naissance d'un enfant [327]. À cet égard, l'acceptabilité du travail à distance depuis la pandémie de Covid-19 est une excellente nouvelle. Pour la plupart des entreprises, un pas dans la bonne direction pourrait consister à définir par défaut tous les postes comme « télétravaillables », sauf exception justifiée, au lieu de traiter le travail à distance comme un accommodement exceptionnel.

Malheureusement, l'insistance avec laquelle des entreprises aussi réputées que Goldman Sachs, Amazon ou JP Morgan réclament un retour au bureau pour tous est un signal inquiétant du fait qu'elles n'ont pas les bonnes priorités. Car, comme souvent, l'organisation reflète la culture. La prime aux horaires longs et continus, aux carrières ininterrompues et à la présence physique ne relève pas seulement de contraintes opérationnelles qu'on peut alléger : c'est aussi le reflet d'une culture *winner-takes-all*, d'un parcours de carrière où « les gagnants raflent tout ». Pour devenir associée d'un cabinet d'avocats ou de conseil, gérante d'un grand fonds, ou PDG d'une grande entreprise, il faut remporter une compétition acharnée. Toute baisse d'intensité, toute rupture de continuité fait sortir de la course. Ce n'est pas seulement parce que la course est difficile : c'est parce qu'elle consiste précisément à faire la démonstration qu'on est prête à travailler de manière intense et continue.

Dans les grandes banques d'affaires, par exemple, les « semaines de 75 heures » des jeunes analystes[328] ne sont pas, ou pas seulement, une nécessité inhérente au métier. Si c'était le cas, elles seraient normales chez les associés, liés depuis longtemps à leurs clients, mais pas chez des juniors, relativement interchangeables. La rigidité, ici, sert à sélectionner, dès le début de leur carrière, celles et ceux qui démontrent la motivation nécessaire pour gravir les échelons de la hiérarchie. Est-ce bien nécessaire ? Et, surtout, pour les hommes comme pour les femmes, est-ce bien raisonnable ? La question mérite d'être posée.

Les inégalités de carrière et de rémunération, démontre Claudia Goldin, « seraient considérablement réduites et pourraient même disparaître si les entreprises n'étaient pas incitées à récompenser de manière disproportionnée les personnes qui travaillent beaucoup et à des moments spécifiques ». Trois principes peuvent permettre de progresser dans ce sens. Le premier est de bâtir, partout où c'est possible, une organisation moins dépendante de quelques « stars » : faire plus de place au travail en équipe réduit les rigidités. Le deuxième est de s'organiser pour donner à chacun plus de flexibilité dans le temps et dans l'espace. Le troisième, enfin, est de sortir de la logique du *winner-takes-all.* C'est favoriser une culture où l'on se bat contre ses concurrents pour servir ses clients, et non contre ses collègues pour briller aux yeux de ses supérieurs. Ce n'est pas facile, et cela demande un travail de longue haleine, mais ce travail bénéficiera aux femmes, aux hommes… et aux entreprises.

La flexibilité ne consiste pas seulement à proposer des accommodements. C'est aussi revoir son organisation et sa culture pour en réduire les rigidités.

1. Diagnostiquer analytiquement les écarts de rémunération.
2. Développer la flexibilité des horaires et des lieux de travail.
3. Favoriser une organisation du travail plus collégiale.
4. Limiter les effets de *winner-takes-all* dans les parcours de carrière.

20

COMMENT RENDRE LES ÉQUIPES INTELLIGENTES ?

Créativité, complémentarité, intelligence collective : nous l'avons vu, ces avantages supposés de la diversité dans les équipes ne se matérialisent pas toujours, en tout cas pas spontanément. Mais ce n'est pas une raison pour y renoncer. Au contraire : plus la diversité progressera – ce qu'on ne peut que souhaiter – et plus il sera important de savoir en tirer profit.

Et s'il fallait une raison supplémentaire de faire en sorte que des personnes diverses travaillent ensemble, Dobbin et Kalev, dans leur étude des pratiques de diversité qui fonctionnent, nous en donnent une : les organisations qui mettent en place des équipes autonomes – par exemple, des équipes projet ou des groupes de travail transfonctionnels – ont, quelques années plus tard, plus de diversité dans leurs effectifs que celles qui ne le font pas. Comment est-ce possible, alors que ces équipes autonomes ne sont en général pas conçues comme un outil au service de la diversité ?

Tout simplement parce que être amené à travailler avec des personnes différentes de soi est la meilleure manière de dissiper les préjugés qu'on pouvait avoir sur elles. Régulièrement vérifiée depuis soixante-dix ans, la *théorie du contact intergroupes* a identifié les conditions nécessaires pour qu'un travail de ce type améliore les relations : il faut travailler de manière coopérative, au service d'objectifs communs, sans inégalité de statut, et avec le soutien de l'institution à laquelle on appartient [329]. C'est pratiquement la définition d'une équipe autonome au sein d'une grande entreprise... Ainsi, même si la diversité n'est pas toujours bénéfique au travail d'équipe, le travail d'équipe sera toujours bénéfique à la diversité.

Pour en tirer le meilleur parti, il faut repartir de l'enseignement central de la recherche sur la diversité dans les équipes* : ses avantages *cognitifs* (la variété des idées) ne sont pas forcément corrélés à la diversité démographique et ne sont pas toujours suffisants pour compenser ses inconvénients *interpersonnels* (les clivages de valeurs et les inégalités de statut qui créent des tensions). Ce résumé permet d'identifier, au moins en principe, trois pistes d'action. D'abord, maximiser les bienfaits de la variété des idées. Ensuite, réduire les effets négatifs des clivages et des inégalités. Et dans les deux cas, rechercher une vraie diversité cognitive, indépendamment de la diversité visible.

---

* Voir le chapitre 3.

QUAND LA VARIÉTÉ DES IDÉES EST DÉCISIVE... OU PAS

Commençons, donc, par la variété des idées. Avec un préalable : que la tâche à accomplir puisse en bénéficier. Or ce n'est pas toujours le cas, loin de là. À force de célébrer les vertus de la diversité des idées, il arrive qu'on perde de vue une évidence : toute variance dans les jugements et les opinions n'est pas bonne à prendre. Quand les *fake news* côtoient la vérité, quand deux ingénieures ne sont pas d'accord sur le résultat d'un calcul, quand deux techniciennes ne sont pas d'accord sur l'origine d'une panne, il y a des personnes qui ont raison et d'autres qui ont tort. Dès lors qu'il existe une réponse exacte à une question, la variété des réponses qu'on lui donne ne s'appelle pas diversité, mais erreur.

Le corollaire de cette observation est que, quand une équipe sait ce qu'elle a à faire et sait comment le faire, elle a moins besoin de variété que de cohésion. La diversité est inutile, voire contre-productive. Dans une équipe en mode « exécution », qui a des objectifs immédiats et routiniers – délais à tenir, contrats à conclure, production à assurer –, c'est l'homogénéité qui gagne [55, 61, 64, 330]. C'est au contraire pour les tâches complexes et innovantes que la diversité devient précieuse : développement de produits, innovation technologique, choix marketing, gestion des crises, décisions stratégiques en sont des exemples [56]. Le lien entre diversité et performance n'apparaît que lorsque les tâches sont complexes ou exigent de la créativité [331].

UNE DIVERSITÉ, MAIS LAQUELLE ?

Reste à savoir *quelle* diversité va permettre de l'obtenir. La réponse la plus claire que la recherche apporte à cette question concerne la diversité des parcours *fonctionnels*. Sans surprise, on est plus créatif quand on fait travailler des designers avec des commerciaux, ou des financiers avec des industriels. De manière plus surprenante, la diversité des parcours éducatifs et la diversité générationnelle ne produisent pas d'effets aussi perceptibles[61].

Qu'en est-il de la diversité *ethnique* et de la diversité *de genre* ? Globalement, leur effet net sur la performance semble plutôt négatif[61]. Ces résultats sont cohérents avec l'arithmétique des avantages et des inconvénients de la diversité : il n'y a pas de raison que la diversité démographique accroisse nécessairement la variété des idées, mais elle peut créer des difficultés interpersonnelles.

Reste la diversité *culturelle* (notamment de nationalité). Celle-ci produit des effets plus ambigus. Schématiquement, ses avantages en matière de variété des idées sont réels, mais souvent effacés par les difficultés de communication et les tensions internes. L'effet net, très variable, semble donc dépendre de la manière dont on gère ces tensions[67].

Le Tableau 2 résume schématiquement ces conclusions. En grandes lignes, quand on doit traiter des problèmes complexes, c'est la diversité des expertises fonctionnelles, pas celle des genres, des croyances ou des parcours de vie, qu'il faut rechercher en priorité. Éventuellement, on peut y ajouter la diversité des cultures – à condition toutefois d'apporter un soin particulier à la dynamique de l'équipe.

Tableau 2 : Synthèse simplifiée des effets de la diversité sur la performance des équipes (tâches complexes, créatives ou de résolution de problèmes)

Type de diversité	Effet sur la variété des idées	Effet sur la qualité des interactions	Effet net
Fonctionnelle	+	0	+
De genre, d'ethnicité	0	–	–
D'âge	0	0	0
Culturelle	+	–	0 (+/–)

APRÈS LA VARIÉTÉ, LE CHOIX

On peut affiner cette prescription en différenciant les étapes d'un processus de résolution de problème[56]. Si vous développez un nouveau produit, par exemple, la multiplicité des perspectives a une grande valeur pour identifier les besoins de différentes cibles, pour générer des idées, ou encore pour envisager différentes technologies, différents matériaux ou modes de production. Dans ces phases de *divergence*, la diversité des idées est précieuse. Mais ensuite, il va falloir sélectionner l'idée gagnante, la prototyper, la tester, ajuster et finaliser le produit, préparer son plan de lancement : ce sont les phases de *convergence*. Il y a un temps pour avoir beaucoup d'idées, et un temps pour décider quelle est la meilleure. Et si, au bout du compte, vous choisissez la mauvaise idée, le fait d'en avoir examiné beaucoup de différentes ne vous apportera aucune consolation !

Comment tirer le meilleur parti de la diversité dans les phases de convergence ? Pour répondre à cette question, il faut revenir aux postulats de Scott Page et de son théorème de la diversité *. Le théorème affirme que la diversité des idées permet de choisir de meilleures solutions, à condition que ce choix dépende uniquement de la qualité de celles-ci, et non des passions, des intérêts ou des biais des décideurs. Tout le défi consiste donc à s'approcher le plus possible de ce modèle, à tendre vers cet idéal de débats factuels et de décisions dépassionnées.

Une panoplie d'outils pratiques permettent d'*améliorer la qualité des décisions en équipe*[135]. Ces outils, indispensables à des équipes diverses, seront d'ailleurs tout aussi bénéfiques aux équipes les plus homogènes. Le propos de ce livre n'est pas de les présenter en détail, mais la philosophie qui les anime peut se résumer simplement : pour bien décider, il faut permettre et même encourager l'expression de toutes les opinions, de tous les désaccords. Pour cela, il faut mettre en place des méthodes de débat qui préviennent la formation trop rapide d'un consensus autour d'une solution erronée (c'est le piège du *groupthink*), mais aussi la cristallisation de positions opposées (c'est le risque du conflit). Il faut, enfin, trancher, pas nécessairement dans le sens de la majorité, mais en expliquant à tous et à chacun les raisons de son choix.

---

* Voir le chapitre 3.

En résumé, tirer parti de la variété des idées dans ses équipes demande donc d'abord de se concentrer sur les tâches qui peuvent en bénéficier ; ensuite de privilégier la diversité fonctionnelle et culturelle ; et enfin de mettre en place des méthodes de travail et des procédures de décision qui vont permettre à cette diversité de s'exprimer.

RÉDUIRE LES FRICTIONS

En même temps qu'on s'efforce de maximiser les bienfaits de la diversité, il faut en réduire au minimum les effets négatifs : les clivages de valeurs et les inégalités de statut qui créent frictions, tensions et difficultés de communication.

Ces effets négatifs peuvent se manifester là où on ne les attendait pas. Le cas des équipes de direction est à cet égard intéressant. On pourrait imaginer que celles-ci sont habituées à travailler ensemble et à exploiter de manière productive les différences de parcours, de culture et de personnalité entre leurs membres. Une méta-analyse récente révèle pourtant un résultat contraire : les *top teams* souffrent plus des difficultés interpersonnelles liées à la diversité que les équipes d'échelons inférieurs[63].

Étonnés par ce résultat, les auteurs de l'étude notent qu'il pourrait être attribuable à l'excès de confiance, voire à l'hubris des dirigeants. Leur raisonnement peut être étendu à toutes les équipes : *l'humilité et l'écoute* des membres d'une équipe sont capitales. Quand on est tellement certain d'avoir raison qu'on n'écoute pas les autres, la diversité de leurs avis ne sert à rien !

Mais il existe aussi des conditions organisationnelles pour qu'une équipe surmonte les tensions qui naissent de la diversité. Nous en avons déjà mentionné une : une *culture inclusive**. Éliminer les stéréotypes de son langage, de ses pratiques, de son style de management est une excellente manière de prévenir les disparités de statut au sein des équipes. Et définir des valeurs partagées auxquelles tout le monde peut souscrire aide à limiter les conflits de valeurs.

Une autre condition nécessaire de l'efficacité d'une équipe diverse est la *sécurité psychologique.* Amy Edmondson, qui a forgé ce concept, a démontré qu'un climat de sécurité psychologique encourage l'innovation et l'expérimentation, favorise l'engagement des membres de l'équipe, et aide chacun à apprendre et à progresser. Au contraire, en l'absence de sécurité psychologique, la performance *décroît* à mesure que les équipes deviennent plus diverses[332]. En plus d'une culture inclusive et d'un style de management attentif, la sécurité psychologique demande notamment que les employés se sentent protégés contre toute forme de représailles lorsqu'ils posent des questions difficiles ou signalent des problèmes.

Tout cela s'apprend, se développe, se travaille. À vrai dire, la diversité fournit même une excellente raison de former toutes les équipes aux *bonnes pratiques de travail d'équipe.* Il s'agit notamment de routines élémentaires, mais souvent négligées : dans les groupes de travail auxquels vous avez participé récemment, combien ont pris le temps, à leur première réunion, de formaliser par

* Voir le chapitre 16.

écrit les objectifs de l'équipe et ses modes d'interaction ? Combien ont tenu des réunions régulières et bien organisées, avec un ordre du jour clair, qui commencent et finissent à l'heure ? Combien ont organisé des sessions de feedback régulières sur leur efficacité collective ? C'est une évidence, mais il faut la rappeler : faire fonctionner une équipe diverse, c'est d'abord faire fonctionner une équipe[54].

AU-DELÀ DES DIVERSITÉS VISIBLES

Le MIT abrite depuis 2006 un Center for Collective Intelligence. Souvent utilisé de manière informelle, le concept d'intelligence collective y prend un sens bien précis. Depuis plus d'un siècle, la psychologie définit l'intelligence comme un facteur statistique unique qui prédit les performances individuelles dans une grande variété de tâches cognitives[333]. Ce facteur *g* (pour intelligence générale) est l'ancêtre des tests de QI ou d'aptitudes mentales générales. Ce que les chercheurs du MIT ont théorisé, c'est l'existence d'un facteur analogue pour les groupes : un facteur *c* (pour intelligence collective), qui expliquerait les performances d'un groupe dans une grande variété de tâches. Il permettrait donc de mesurer, de comprendre, et à terme d'améliorer la capacité des équipes à travailler ensemble : une sorte de Graal pour la psychologie des organisations.

La quête a été fructueuse. En faisant travailler des centaines d'équipes de 2 à 5 personnes sur des milliers de problèmes, Anita Woolley et ses collègues ont démontré qu'il existe bien un facteur *c*[334]. Certaines équipes sont meilleures que les autres, pas seulement sur un type de tâche particulier, mais sur une vaste gamme de tests : des énigmes visuelles, du brainstorming, des jugements moraux ou encore des négociations pour obtenir des ressources limitées. Et leur performance n'est pas simplement le fruit des intelligences individuelles, puisque le facteur *c* n'est pas fortement corrélé avec le QI moyen du groupe, ni avec celui de son membre le plus intelligent.

Quand on observe les équipes les plus performantes, leurs comportements sont ceux auxquels on s'attend : elles communiquent plus, elles distribuent la parole plus équitablement – en somme, elles travaillent mieux ensemble. Mais pourquoi ? D'où vient cette intelligence collective ? Est-elle liée à la cohésion du groupe, à son degré de motivation, à la satisfaction exprimée par ses membres ? Non, découvrent les chercheurs. Alors, serait-ce la diversité du groupe, comme on pourrait théoriquement s'y attendre ? Pas du tout. C'est presque le contraire : le seul prédicteur démographique de l'intelligence collective d'un groupe est… le pourcentage de femmes qui le composent. Un groupe de femmes a plus d'intelligence collective qu'un groupe mixte, qui en a lui-même plus qu'un groupe d'hommes. « C'est une conclusion non conventionnelle » ; « vous voyez que j'hésite un peu » : dans une interview donnée en 2011 à la *Harvard Business Review*, les auteurs de l'étude ne cachent pas leur embarras devant cette conclusion non conforme à la doxa de la diversité[335].

Le mystère (et la gêne) se sont quelque peu dissipés depuis, car les chercheurs ont poursuivi leurs investigations. Imaginez qu'on vous soumette une série de photos qui montrent uniquement les yeux d'une personne, et qu'on vous demande, pour chaque photo, de choisir dans une liste le mot qui décrit le mieux ce que cette personne pense ou ressent[336]. Votre score à ce test (utilisé, entre autres, dans le diagnostic des troubles du spectre autistique) est une mesure de votre capacité à percevoir les états mentaux d'autrui, une mesure de *sensibilité sociale*. Il s'avère que le résultat des membres d'une équipe à ce test prédit largement l'intelligence collective de l'équipe. C'est le cas même quand les équipes travaillent à distance sans se voir : ce n'est pas littéralement la capacité à déchiffrer l'expression des yeux d'autrui qui compte, mais bien la sensibilité sociale générale que le test révèle[337].

Autrement dit, pour bien travailler avec quelqu'un, il faut être capable de se mettre à sa place. Or, nous l'avons vu, les traits de personnalité liés à l'empathie et à la sensibilité font partie des rares mesures sur lesquelles on observe des différences importantes entre les genres. Sur le test de sensibilité sociale utilisé ici, les femmes obtiennent des scores plus élevés, et cette différence explique presque entièrement l'avantage féminin. Si les groupes féminins ont, en moyenne, plus d'intelligence collective, c'est donc parce que les femmes ont, en moyenne, une plus grande sensibilité sociale. Par conséquent, si l'on veut constituer une équipe collectivement intelligente, il est bon d'y inviter des femmes, mais aussi de mesurer la sensibilité sociale de tous ses membres, et de les encourager à la développer.

Les travaux du Center for Collective Intelligence nous suggèrent une dernière piste pour tirer parti de la diversité : celle des *styles cognitifs*. Votre style cognitif, c'est votre manière propre de vous représenter et d'aborder un problème. Êtes-vous plutôt analytique ou synthétique ? Plutôt réfléchi ou intuitif ? Visuel ou verbal ? Comme les traits de personnalité, ces styles cognitifs sont différents d'une personne à l'autre, mais ils sont en grande partie forgés par une adaptation à l'environnement, et sont donc moins immuables que les traits de personnalité.

L'étude des styles cognitifs est un sujet ancien, mais qui connaît une résurgence relativement récente[338, 339]. S'ils nous intéressent ici, c'est que la diversité de ces styles au sein d'une équipe a un effet sur l'intelligence collective. Cet effet n'est pas linéaire : il est en forme de « U inversé ». Trop peu de diversité cognitive, et on manque de la variété de perspectives et de compétences nécessaire pour bien accomplir ses tâches : la performance en souffre. Trop de diversité cognitive, au contraire, et on n'arrive plus à se comprendre et à se coordonner efficacement : la performance en souffre aussi. L'enjeu consiste donc à avoir juste assez de variété dans les styles cognitifs d'une équipe pour atteindre l'intelligence collective optimale[337].

La recommandation peut sembler abstraite, d'autant qu'il n'existe pas, comme pour la personnalité, de typologie unique et généralement admise des styles cognitifs. Mais l'idée de diversité de styles présente une opportunité pour beaucoup de grandes entreprises, qui utilisent déjà des outils comme les tests MBTI ou

DISC pour aider leurs cadres à appréhender leurs différences. Souvent présentés comme des tests de personnalité, ce qui suscite des critiques justifiées[340], ces instruments peuvent en réalité être considérés comme des mesures approximatives de style cognitif[341]. Il est donc possible de s'en servir pour tenter de tirer parti de cette forme de diversité moins visible, mais importante.

Ce tour d'horizon sur l'efficacité des équipes diverses doit conduire à une forme d'optimisme prudent. L'optimisme tient au fait qu'il est possible de faire fonctionner efficacement des équipes diverses. La diversité fonctionnelle et culturelle, mais aussi des formes de diversité moins apparentes comme celle des styles cognitifs, sont des atouts qui peuvent générer une véritable intelligence collective, plus grande que la somme des talents individuels. Et les difficultés interpersonnelles que peut susciter la diversité d'identités peuvent être réduites.

Mais ce qui commande la prudence, c'est que pour cela, il faut composer des équipes équilibrées, adopter des procédures de décision optimales, développer une culture inclusive, assurer la sécurité psychologique, cultiver la sensibilité sociale, assortir les styles cognitifs, systématiser les bonnes pratiques de travail en équipe... Rien de tout cela n'est automatique. On est loin de la vision idyllique selon laquelle la diversité serait invariablement et spontanément bénéfique à tout travail de groupe. Cette vision simpliste n'est pas seulement erronée, mais, parce qu'elle conduit à sous-estimer l'ampleur de la tâche, contre-productive.

Cinq axes d'action

Oui, la diversité peut rendre vos équipes plus intelligentes. À condition d'y travailler... intelligemment.

1. Choisir les équipes dont les tâches sont complexes et/ou créatives.
2. Cultiver l'humilité et l'écoute.
3. Privilégier la diversité fonctionnelle et culturelle.
4. Rechercher si possible la diversité des styles cognitifs.
5. Former toutes les équipes aux bonnes pratiques de travail d'équipe.
6. Formaliser les procédures de débat et de décision pour encourager l'expression de tous et éviter les consensus trop rapides.
7. Assurer la sécurité psychologique.
8. Développer la sensibilité sociale.

CONCLUSION

Redéfinir le leadership

Le discours et la pratique des entreprises sur la diversité s'inscrivent dans un contexte sociétal mouvant. Pour replacer dans une perspective plus large le défi auquel elles font face, il faut rappeler plusieurs logiques, plusieurs manières de penser la diversité, que nous avons évoquées au fil de ces pages. Ces logiques sont partiellement contradictoires entre elles, et pourtant s'entremêlent dans les propos et les actes des entreprises, des militants ou des politiques qui se préoccupent de diversité [330].

LES TROIS LOGIQUES DE LA DIVERSITÉ

Historiquement et logiquement, le premier discours de diversité est celui de l'*équité méritocratique*. Depuis que l'universalisme des Lumières a substitué aux privilèges de la naissance la reconnaissance des mérites personnels, chacun convient qu'il est injuste que des personnes de talent égal, mais de genre, d'origine ou de religion différents, n'aient pas accès aux mêmes opportunités. La Constitution française affirme dès son article 1er « l'égalité devant la loi de tous les citoyens sans distinction d'origine, de race ou de religion ». La loi française suit cette logique quand elle parle de non-discrimination et quand elle énonce les nombreux critères sur la base desquels il est interdit de faire des distinctions. Les mécanismes de sélection scolaires et universitaires ou les concours de l'administration se veulent « aveugles », dans le sens positif du terme, celui de la justice qu'on représente les yeux bandés pour souligner qu'elle est la même pour tous.

Dans cette logique d'équité, la diversité n'est pas une fin en soi, ni même un objet mesurable. Si des individus « divers » réussissent, c'est en tant qu'individus, pas en tant que membres d'un groupe. Rien ne sert donc de mesurer les résultats de telle ou telle catégorie – et c'est pourquoi, en France, les statistiques ethniques ou religieuses sont même interdites. C'est l'*égalité des chances*, la capacité du tamis méritocratique à sélectionner les meilleurs d'où qu'ils viennent, qui est la vraie mesure de succès. La grande majorité des dirigeants en France sont profondément attachés à ce modèle, auquel ils doivent leur réussite.

Mais, si l'édifice conceptuel est ancien et élégant, les lézardes dans sa façade ne cessent de s'élargir. Car la prétendue méritocratie est trop souvent factice. Il ne suffit pas de prétendre que les procédures de sélection sont indifférentes aux origines pour que l'égalité des chances soit assurée. De fait, les chances ne sont pas égales entre les écolières des beaux quartiers et celles des zones difficiles, entre les locataires qui portent un nom à particule et ceux dont le patronyme a une consonance étrangère, ou entre les femmes et les hommes qui veulent devenir député ou PDG. En théorie, les principes méritocratiques sont nobles, mais en réalité, ils échouent à assurer l'égalité réelle, et servent même d'alibi pour perpétuer les inégalités.

Ce procès en inefficacité et en hypocrisie conduit à une autre logique, radicalement différente : celle de la *représentation égalitaire*. Sa finalité n'est plus d'assurer une hypothétique égalité des chances, mais d'obtenir une égalité de résultats. Déjà très présente aux États-Unis où les inégalités héritées de la discrimination raciale sont d'une étonnante persistance, la revendication de représentation égalitaire a pris de l'ampleur dans la continuité des mouvements #metoo et Black Lives Matter. Chaque université, chaque administration et chaque entreprise doit donc rendre des comptes sur la manière dont les différents groupes sont représentés en son sein.

La logique de représentation égalitaire soulève nombre de problèmes philosophiques et de débats politiques enfiévrés. Pour le monde économique, elle pose en outre trois problèmes spécifiques. Le premier, pratique, est celui des objectifs : une fois que le secteur américain de l'édition, par exemple, après un recensement minutieux de ses effectifs, les a catégorisés en huit genres, sept orientations sexuelles ou encore huit « races », il est bien en peine d'en tirer des conclusions [342]. Quand il trouve 71 % de « femmes cisgenres » ou 14 % de « bisexuels et pansexuels », il se garde bien de dire si c'est assez, trop ou trop peu.

Une deuxième difficulté est que la logique de représentation égalitaire est intrinsèquement conflictuelle. Son niveau d'analyse est celui du groupe, son unité de mesure celle des pourcentages dans un jeu à somme nulle, et son langage celui du combat entre groupes oppresseurs et groupes opprimés. À l'échelle de la société dans son ensemble, les militants qui tiennent ce langage pour dénoncer les inégalités et les discriminations sont dans leur rôle (même s'il n'est pas certain que leurs choix tactiques fassent toujours avancer leur cause). Mais dans une entreprise, qui cherche avant tout à développer l'*affectio societatis*, à susciter l'engagement de tous au service de buts communs, cette logique est autodestructrice. Aucune organisation ne gagne à cristalliser les appartenances, à transformer les différences en oppositions, à enfermer les minorités dans un statut de victime et la majorité dans un rôle de coupable. Ce discours de combat contribue en outre à susciter en réaction le « retour de balancier » anti-diversité. C'est un piège, comme l'analyse justement le politiste Yascha Mounk dans *Le Piège de l'identité*[343].

La troisième difficulté, et sans doute la principale, tient à la contradiction entre cette logique de représentation et le principe de mérite. À l'échelle de cohortes entières, le problème peut être escamoté : les universités américaines démontrent, chiffres à l'appui, que leurs étudiants issus de la diversité réussissent aussi bien que les autres. Mais quand on évalue des individus un à un pour un poste *en particulier*, il faut bien arbitrer entre le mérite (quelle que soit la manière de l'évaluer) et l'appartenance à une catégorie donnée (quelle que soit la sous-représentation de celle-ci par ailleurs).

Certains résolvent cette contradiction de manière radicale : en contestant, dans la lignée de la pensée postmoderniste, l'existence même d'une notion objective de *mérite*. Dans le monde universitaire, et pas seulement dans les sciences humaines, cette tentation est assez sérieuse pour que 29 scientifiques de toutes disciplines (dont deux lauréats du prix Nobel) aient jugé utile d'écrire une tribune intitulée « Pour la défense du mérite dans les sciences »[344], et... pour que tous les journaux scientifiques de premier plan aient refusé de la publier ! Non pas, comme on pourrait le croire, parce qu'elle enfonçait une porte ouverte. Mais parce que juger une idée scientifique sur son mérite, sans tenir compte du genre, de l'ethnicité ou des autres origines de celui qui l'exprime, serait une idée « blessante » : « Comme les auteurs le savent certainement, le concept de mérite, tel qu'il est actuellement mis en œuvre, est généralement et légitimement considéré comme creux », leur a répondu la revue de l'Académie américaine des sciences. L'article a finalement été publié dans une revue créée de fraîche date par une poignée d'intellectuels (dont le philosophe Peter Singer) pour donner asile à des penseurs iconoclastes, et dont le titre dit bien le positionnement : *Journal of Controversial Ideas*[345].

Dans leur ensemble, les entreprises ne sont guère enclines à des remises en cause aussi radicales. En dehors de quelques organisations qui revendiquent leur progressisme, il est donc rare qu'elles tiennent explicitement un discours de représentation égalitaire. Mais c'est bien ce discours, porté au départ par des groupes militants, qui inspire beaucoup d'initiatives politiques. Il s'impose donc aux entreprises quand, en France, elles sont sommées d'assurer une représentation égale (ou presque) des femmes et des hommes dans les conseils d'administration, ou quand, dans d'autres pays, les identités ethniques sont prises en compte dans l'accès à la commande publique.

Entre le récit méritocratique qui ne trompe plus personne et le discours identitaire qui conduit à une impasse, les entreprises ont massivement choisi une troisième voie. C'est celle du *business case*, qui présente la diversité comme une source intarissable d'opportunités, et l'intérêt bien compris de chaque entreprise comme le moteur de son progrès.

Cette vision est si répandue qu'elle est devenue un cliché managérial. Pourtant, comme nous l'avons vu, elle ne résiste pas à l'épreuve des faits. Les études ne corroborent pas l'existence d'un lien causal entre diversité et performance, ni à l'échelon « macro » des entreprises, ni à celui, « micro », des équipes. Habituellement promptes à saisir ce qui est dans leur intérêt, les entreprises ne font guère progresser par leurs actes la diversité qu'elles célèbrent dans leurs discours. Et les « biais implicites » qu'on invoque à tout propos pour expliquer ce paradoxe ne suffisent en réalité pas à en rendre compte.

Il n'est ni sain, ni réaliste de construire une démarche de transformation sur des fondations aussi chancelantes. En présentant le projet de la diversité comme intéressé, le discours du *business case* enferme les défenseurs sincères de la diversité dans une propagande bancale. En promettant des bénéfices qui ne se matérialiseront pas, il fait le jeu de ses adversaires. Et en renvoyant la responsabilité de toutes les inégalités sur les individus et leurs biais inconscients, il transforme les indécis en cyniques.

REDÉFINIR LE LEADERSHIP POUR RÉHABILITER LA MÉRITOCRATIE

Il est temps de rompre avec ce discours. La meilleure logique pour défendre la diversité, c'est bien la première : celle de l'équité, celle de l'idéal universaliste et méritocratique, celle de l'égalité des chances. Aucune autre logique ne peut faire progresser la diversité dans une entreprise tout en soudant les équipes autour d'un projet commun et d'un objectif de performance.

Mais revenir à un discours d'équité exige de répondre de manière convaincante à la critique qu'on lui oppose à juste titre : la méritocratie ne fonctionne pas. Nous l'avons vu, les critères qui président à la sélection des leaders sont loin d'être méritocratiques. Les qualités associées au leadership – ambition, confiance en soi, charisme, goût du risque – sont largement stéréotypées. Hérités des modèles du passé, les stéréotypes du leadership reflètent les qualités que les dirigeants d'aujourd'hui perçoivent en eux-mêmes. Et les procédures qui désignent les leaders laissent une place bien trop grande à la prise en compte subjective de ces qualités. La méritocratie dans les entreprises est trop souvent une « miroirocratie ».

Il ne suffit donc pas de parler de mérite : il faut redéfinir ce qui constitue le mérite pour un leader. Pour réhabiliter la méritocratie, il faut d'abord redéfinir le leadership.

Ce travail de longue haleine doit commencer par un examen critique de la culture de chaque entreprise pour la rendre réellement inclusive. Être inclusif, en effet, ne veut pas dire aider chacun à se couler dans le moule de la culture existante, mais transformer celle-ci pour la rendre accueillante. Redéfinir le leadership, c'est aussi revoir les procédures de recrutement, d'évaluation, de rémunération et de promotion, pour les rendre moins dépendantes de la subjectivité et des stéréotypes. C'est interroger en profondeur l'organisation du travail pour la rendre plus flexible. C'est, enfin, composer, organiser et former les équipes pour qu'elles soient réellement plus intelligentes que la somme de leurs membres.

Aucun de ces efforts n'est exclusivement justifié par la recherche de diversité. Ce qui les guide, c'est d'abord le souci de se doter des meilleurs dirigeants, de composer les équipes les plus performantes, de faire les choix les plus justes et les plus équitables. Mais en redéfinissant le leadership, on aboutira nécessairement à plus de diversité.

Paradoxale en apparence, cette assertion est la promesse originelle de la méritocratie : puisque les talents sont équitablement répartis entre les différentes catégories qui composent la population, une méritocratie réelle assurera naturellement leur représentation. Et comme, aujourd'hui, le « mérite » des leaders est souvent confondu avec la valorisation de caractéristiques associées au rôle masculin, le fait de le redéfinir et de remettre ces caractéristiques à leur juste place cessera de défavoriser les femmes (et les hommes qui ne se conforment pas au stéréotype masculin).

LES *PROCESS* AVANT LES MENTALITÉS

Culture, critères, méthodes, procédures : le chantier est vaste. Beaucoup de programmes de diversité, pourtant, se donnent un objectif plus ambitieux encore : changer les mentalités, vaincre les biais implicites, terrasser les stéréotypes de genre. C'est l'intention affichée d'une grande partie des formations à la diversité.

L'idée qui sous-tend cette démarche semble logique : les comportements suivent les mentalités, et ce sont donc ces mentalités, faites de croyances explicites ou implicites, qu'il faudrait changer pour traiter le problème à la racine. Cette idée est simple, persuasive, et répandue. Hélas, elle est fausse.

S'il est une conclusion que la psychologie comportementale a établie depuis cinquante ans, c'est que nos comportements individuels ne sont pas seulement le reflet de nos croyances. Il se trouve sans doute à votre bureau beaucoup de gens qui surveillent leur ligne, mais qui, pourtant, prennent l'ascenseur plutôt que l'escalier pour atteindre la salle de réunion, et ne résistent pas à la viennoiserie qu'ils y trouvent. Faut-il organiser une formation pour leur rappeler les dangers de la sédentarité et de la malbouffe ? Ils les connaissent… Mais on peut rendre l'escalier plus accessible et plus accueillant, et remplacer les croissants par des fruits. Ainsi, pour influer sur les comportements individuels, des changements de l'environnement de décision peuvent s'avérer plus efficaces qu'un laborieux travail sur les mentalités. Et, comme dans cet exemple, certains de ces changements (pas tous) peuvent être faciles à mettre en œuvre et non coercitifs – ce que les sciences comportementales appellent des *nudges*, ou « coups de pouce »[346, 347].

Il existe une autre raison de ne pas être obnubilé par les mentalités des individus : les choix d'une organisation ne sont pas la somme de ceux que font ses membres. Les organisations ont des règles, des normes, des procédures. Ces éléments structurels pèsent plus lourd dans les résultats observés que les préférences des individus. Là où les salaires d'embauche ne sont pas négociables, il n'y a pas de discrimination salariale, même s'il y a un recruteur sexiste. Tenter de faire changer les choix individuels n'est donc pas le levier d'action le plus efficace. C'est même souvent une manière pour les organisations de se défausser sur les individus en évitant de remettre en cause leurs politiques[348].

Si la diversité semble en panne au sommet des entreprises (alors qu'elle a considérablement progressé dans d'autres domaines), ce n'est donc pas en raison d'une arriération des mentalités qui serait propre aux grandes organisations. Et pour sortir de cette impasse, le levier d'action prioritaire n'est pas de changer les mentalités. C'est celui que les organisations maîtrisent le mieux : les méthodes, les routines, les habitudes – en un mot, les *process*.

PASSER À L'ACTION

Redéfinir le leadership, et tous les process qui le mesurent et qui le récompensent, est évidemment un projet ambitieux. Comme toute démarche de changement, celle-ci requiert une planification rigoureuse, une communication efficace, un suivi attentif, et un horizon de temps réaliste. Il faut y ajouter deux conditions de succès particulièrement importantes.

La première est de piloter l'initiative au bon niveau : celui du conseil d'administration et de la direction générale. Si la diversité est confiée à un chef de projet à mi-temps au sein de la direction des ressources humaines, il ne faut pas s'étonner qu'elle consiste surtout à organiser des formations. Le « projet diversité » doit devenir un « projet leadership » : quand l'objectif est le renouvellement du modèle de leadership de l'entreprise, quand la mesure de succès est la qualité de ce leadership, qui comprend la diversité mais ne s'y limite pas, alors il ne fait pas de doute que ce projet est une priorité pour le *top management*.

La seconde condition de succès est de s'astreindre à une discipline que peu d'entreprises pratiquent, celle de l'expérimentation. Nous avons vu que beaucoup de programmes de diversité ne donnent pas de résultats satisfaisants. Ce constat pourrait sembler étonnant, mais n'est pas particulièrement inhabituel. Dans beaucoup d'organisations, on part du principe que ce qu'on fait est utile, et, pour que cette croyance ne soit pas contredite, on s'abstient de la vérifier. C'est ainsi que perdurent des pratiques dont l'efficacité est douteuse, et d'autres dont l'inefficacité est démontrée [50]. Sur un sujet aussi complexe que la qualité et la diversité du leadership, il est indispensable de sortir de cette logique d'autosatisfaction et d'adopter une démarche scientifique. L'expérimentation, c'est reconnaître et célébrer ce qui fonctionne, et qu'on va généraliser. Mais c'est aussi se féliciter d'avoir découvert ce qui ne fonctionne pas : parce qu'on va pouvoir arrêter de le faire, parce qu'on a compris pourquoi, et donc parce qu'on a appris quelque chose.

* * *

À force de parler des supposés bénéfices de la diversité, trop d'entreprises l'ont oublié : sa première justification est éthique. La diversité est un sujet trop important pour qu'on le traite sur la base d'un mauvais diagnostic et avec des méthodes inefficaces.

Tous les dirigeants du monde considèrent par ailleurs la qualité de leurs équipes dirigeantes comme l'une de leurs principales priorités, sinon la plus importante.

Il est temps de réaliser que ces deux sujets n'en font qu'un. Non, ce n'est pas parce qu'elles seront plus diverses que les entreprises deviendront plus rentables. Mais si elles redéfinissent leur conception du leadership, leurs équipes seront meilleures. Et c'est pour cela qu'elles seront plus diverses.

RÉFÉRENCES

1. S. Hamladji, « Diversité et inclusion : les entreprises françaises en quête de stratégie », *Les Échos*, 9 septembre 2021.
2. L. Comarmond (de), « Égalité femmes hommes : les progrès des entreprises marquent le pas », *Les Échos*, 8 mars 2024.
3. Standard & Poors, *Women CEOs : Leadership for a Diverse Future*, 2022.
4. A. Ignatius, « Why We've Stopped Ranking CEOs », *Harvard Business Review*, 2020.
5. « Emploi par âge – Tableaux de l'économie française », Insee, s. d. Disponible sur : https://www.insee.fr/fr/statistiques/4277670?sommaire=4318291#titre-bloc-3. [Consulté le : 21 août 2024.]
6. « Chômage selon le sexe et l'âge », Insee, s. d. Disponible sur : https://www.insee.fr/fr/statistiques/2489498#figure1_radio4. [Consulté le : 21 août 2024.]
7. Observatoire de l'emploi et du handicap AGEFIPH, *Emploi et chômage des personnes handicapées*, 2023. Disponible sur : https://www.agefiph.fr/sites/default/files/medias/fichiers/2023-11/Agefiph-TB_Semestre1_2023-11.pdf. [Consulté le : 21 août 2024.]
8. CNIL et Défenseur des droits, *Mesurer pour progresser vers l'égalité des chances*, 2012.
9. *État des lieux de la diversité ethno-culturelle dans les instances dirigeantes du SBF 120*, Mozaik RH, 2022.
10. J. B. Williams, « Breaking Down Bias : Legal Mandates vs. Corporate Interests », *Washington Law Review*, 92, 2017, p. 1473-1513.
11. « Gratz v. Bollinger », Wikipédia, s. d. Disponible sur : https://en.wikipedia.org/w/index.php?title=Gratz_v._Bollinger&oldid=1201992614. [Consulté le : 23 juin 2024.]

12. « Grutter v. Bollinger », Wikipédia, s. d. Disponible sur : https://en.wikipedia.org/w/index.php ?title=Grutter_v._Bollinger&oldid=1208209722. [Consulté le : 23 juin 2024.]
13. « Diversity at Stanford », Stanford University, s. d. Disponible sur : https://perma.cc/J68E-QWGN. [Consulté le : 21 août 2024.]
14. Y. Mounk, « Kwame Anthony Appiah on the Right – and Wrong – Way for Universities to Handle Identity », Persuasion, 2024. Disponible sur : https://www.persuasion.community/p/appiah. [Consulté le : 21 août 2024.]
15. T. Wood et M. Sherman, *Race and Higher Education*, National Association of Scholars, 2001.
16. T. H. Cox et S. Blake, « Managing cultural diversity : implications for organizational competitiveness », *Academy of Management Perspectives*, 5, 1991, p. 45-56.
17. R. J. Ely et D. A. Thomas, « Cultural Diversity at Work : The Effects of Diversity Perspectives on Work Group Processes and Outcomes », *Administrative Science Quarterly*, 46, 2001, p. 229-273.
18. E. Michaels, H. Handfield-Jones et B. Axelrod, *The War for Talent*, Harvard Business Press, 2001.
19. M. Gladwell, « The talent myth », *The New Yorker*, 22, 2002, p. 28-33.
20. « The Business Case For Diversity Is Now Overwhelming. Here's Why », World Economic Forum, 2019. Disponible sur : https://www.weforum.org/agenda/2019/04/business-case-for-diversity-in-the-workplace/. [Consulté le : 17 juin 2024.]
21. « Why Diversity and Inclusion Matter (Quick Take) », Catalyst, 2020. Disponible sur : https://www.catalyst.org/research/why-diversity-and-inclusion-matter/. [Consulté le : 17 juin 2024.]
22. Crédit Suisse, *Gender diversity and corporate performance*, Crédit Suisse Research Institute, 2012.
23. McKinsey, *Why diversity matters even more*, 2023.
24. World Economic Forum, *Global Gender Gap Report 2024*, 2024.

25. Q. Wodon, A. Onagoruwa, C. Malé, C. Montenegro, H. Nguyen et B. De La Brière, *How Large Is the Gender Dividend ? Measuring Selected Impacts and Costs of Gender Inequality*, World Bank, Washington, DC, 2020.
26. A. H. Eagly, « When Passionate Advocates Meet Research on Diversity, Does the Honest Broker Stand a Chance ? », *Journal of Social Issues*, 72, 2016, p. 199-222.
27. McKinsey, *Ethnocultural minorities in Europe : An untapped growth opportunity*, 2023.
28. R. J. Ely et D. A. Thomas, « Getting serious about diversity », *Harvard Business Review*, 2020, p. 114-122.
29. J. P. A. Ioannidis, « Why most published research findings are false », *PLoS Medicine*, 2, 2005, p. 696-701.
30. E. Yong, « Psychology's Replication Crisis Is Running Out of Excuses », *The Atlantic*, 2018, p. 1-7.
31. J. P. Simmons, L. D. Nelson et U. Simonsohn, « False-positive psychology : Undisclosed flexibility in data collection and analysis allows presenting anything as significant », *Psychological Science*, 22, 2011, p. 1359-1366.
32. J. Green et J. R. M. Hand, « Diversity matters/delivers/wins revisited in S&P 500 firms », *SSRN Electronic Journal*, 2021, p. 1-30.
33. C. Post et K. Byron, « Women on Boards and Firm Financial Performance : A Meta-Analysis », *Academy of Management Journal*, 58, 2015, p. 1546-1571.
34. J. L. Pletzer, R. Nikolova, K. K. Kedzior et S. C. Voelpel, « Does Gender Matter ? Female Representation on Corporate Boards and Firm Financial Performance – A Meta-Analysis », *PLOS ONE*, 10, 2015, p. e0130005.
35. A. Kirsch, « The gender composition of corporate boards : A review and research agenda », *Leadership Quarterly*, 29, 2018, p. 346-364.
36. S.-H. Jeong et D. A. Harrison, « Glass breaking, strategy making, and value creating : meta-analytic outcomes of women as CEOs and TMT members », *The Academy of Management Journal*, 60, 2017, p. 1219-1252.

37. *How Diversity Brings Positive Change to Business Results, Interview with Vivian Hunt*, Bloomberg TV, 6 septembre 2018.
38. Blackrock, *Lifting Financial Performance by Investing in Women*, 2023.
39. R. Lorenzo, N. Voigt, M. Tsusaka, M. Krentz et K. Abouzahr, « How Diverse Leadership Teams Boost Innovation », 2018.
40. « Théorème du jury », Wikipédia, 2023.
41. J. S. Mill, *On Liberty*, Londres, 1859.
42. L. G. Campbell, S. Mehtani, M. E. Dozier et J. Rinehart, « Gender-Heterogeneous Working Groups Produce Higher Quality Science », *PLoS ONE*, 8, 2013, p. e79147.
43. K. Powell, « Being inclusive gives teams a competitive edge in science. It also happens to be the right thing to do. », *Nature*, 558, 2018, p. 19-22.
44. Y. Yang, T. Y. Tian, T. K. Woodruff, B. F. Jones et B. Uzzi, « Gender-diverse teams produce more novel and higher-impact scientific ideas », *Proceedings of the National Academy of Sciences*, 119, 2022.
45. S. E. Page, *The Difference : How the Power of Diversity Creates Better Groups, Firms, Schools, and Societies – New Edition*, Princeton University Press, 2008.
46. S. E. Page, *The Diversity Bonus : How Great Teams Pay Off in the Knowledge Economy*, Princeton University Press, 2019.
47. S. E. Page, « Making the Difference : Applying a Logic of Diversity », *Academy of Management Perspectives*, 21, 2007, p. 6-20.
48. L. Hong et S. E. Page, « Groups of diverse problem solvers can outperform groups of high-ability problem solvers », *Proceedings of the National Academy of Sciences of the United States of America*, 101, 2004, p. 16385-16389.
49. P. Lamberson et S. Page, « Optimal Forecasting Groups », *Management Science*, 58, 2012, p. 805-810.
50. O. Sibony, *Vous allez redécouvrir le management !*, Flammarion, « Champs », 2023.
51. D. Kahneman, O. Sibony et C. R. Sunstein, *Noise. Pourquoi nous faisons des erreurs de jugement et comment les éviter*, Odile Jacob, 2021.

52. J. Surowiecki, *La Sagesse des foules*, trad. E. Riot, JC Lattès, 2008.
53. S. De Oliveira et R. E. Nisbett, « Demographically diverse crowds are typically not much wiser than homogeneous crowds », *Proceedings of the National Academy of Sciences of the United States of America*, 115, 2018, p. 2066-2071.
54. R. Hastie et C. R. Sunstein, *Cessons d'être des moutons ! Du bon usage de l'intelligence collective*, Flammarion, « Champs », 2025.
55. K. Y. Williams et C. A. O'Reilly III, « Demography and Diversity in Organizations : A Review of 40 Years of Research », *Research in Organizational Behavior*, 20, 1998, p. 77.
56. J. Sulik, B. Bahrami et O. Deroy, « The Diversity Gap : When Diversity Matters for Knowledge », *Perspectives on Psychological Science*, 17, 2022, p. 752-767.
57. A. B. Carter et K. W. Phillips, « The double-edged sword of diversity : Toward a dual pathway model », *Social and Personality Psychology Compass*, 11, 2017, p. e12313.
58. K. J. Klein et D. A. Harrison, « On the Diversity of Diversity : Tidy Logic, Messier Realities », *Academy of Management Perspectives*, 21, 2007, p. 26-33.
59. T. Jacobi et D. Schweers, « Justice, Interrupted : The Effect of Gender, Ideology and Seniority at Supreme Court Oral Arguments », *Virginia Law Review*, 103, 2017, p. 1379.
60. S. Hoogendoorn, H. Oosterbeek et M. van Praag, « The Impact of Gender Diversity on the Performance of Business Teams : Evidence from a Field Experiment », *Management Science*, 59, 2013, p. 1514-1528.
61. S. T. Bell, A. J. Villado, M. A. Lukasik, L. Belau et A. L. Briggs, « Getting specific about demographic diversity variable and team performance relationships : A meta-analysis », *Journal of Management*, 37, 2011, p. 709-743.
62. H. van Dijk, M. L. van Engen et D. van Knippenberg, « Defying conventional wisdom : A meta-analytical examination of the differences between demographic and job-related diversity relationships with performance », *Organizational Behavior and Human Decision Processes*, 119, 2012, p. 38-53.

63. M. del C. Triana, K. Kim, S.-Y. Byun, D. M. Delgado et W. Arthur Jr, « The Relationship Between Team Deep-Level Diversity and Team Performance : A Meta-Analysis of the Main Effect, Moderators, and Mediating Mechanisms », *Journal of Management Studies*, 58, 2021, p. 2137-2179.
64. C. A. Bowers, J. A. Pharmer et E. Salas, « When Member Homogeneity is Needed in Work Teams : A Meta-Analysis », *Small Group Research*, 31, 2000, p. 305-327.
65. S. K. Horwitz et I. B. Horwitz, « The Effects of Team Diversity on Team Outcomes : A Meta-Analytic Review of Team Demography », *Journal of Management*, 33, 2007, p. 987-1015.
66. U. R. Hülsheger, N. Anderson et J. F. Salgado, « Team-level predictors of innovation at work : A comprehensive meta-analysis spanning three decades of research », *Journal of Applied Psychology*, 94, 2009, p. 1128-1145.
67. G. K. Stahl, M. L. Maznevski, A. Voigt et K. Jonsen, « Unraveling the effects of cultural diversity in teams : A meta-analysis of research on multicultural work groups », *Journal of International Business Studies*, 41, 2010, p. 690-709.
68. E. Mannix et M. A. Neale, « What Differences Make a Difference ? The Promise and Reality of Diverse Teams in Organizations », *Psychological Science in the Public Interest*, 6, 2005, p. 31-55.
69. J. P. Byrnes, D. C. Miller et W. D. Schafer, « Gender differences in risk taking : A meta-analysis », *Psychological Bulletin*, 125, 1999, p. 367-383.
70. Death due to accidents, by sex, Gender Statistics Database, *European Institute for Gender Equality*, 2024. Disponible sur : https://eige.europa.eu/gender-statistics/dgs/indicator/ta_hlthmort_mort_deathacc__tps00125/hbar. [Consulté le : 22 août 2024.]
71. G. Charness et U. Gneezy, « Strong Evidence for Gender Differences in Risk Taking », *Journal of Economic Behavior & Organization*, 83, 2012, p. 50-58.
72. Z. Xie, L. Page et B. Hardy, « Investigating Gender Differences under Time Pressure in Financial Risk Taking », *Frontiers in Behavioral Neuroscience*, 11, 2017, p. 246.

73. P. D. Dwyer, J. H. Gilkeson et J. A. List, « Gender differences in revealed risk taking : evidence from mutual fund investors », *Economics Letters*, 76, 2002, p. 151-158.
74. S. Kolhatkar, « What If Women Ran Wall Street ? », *New York Magazine*, 19 mars 2010.
75. T. Morgenroth, C. Fine, M. K. Ryan et A. E. Genat, « Sex, Drugs, and Reckless Driving : Are Measures Biased Toward Identifying Risk-Taking in Men ? », *Social Psychological and Personality Science*, 9, 2018, p. 744-753.
76. R. Croson et U. Gneezy, « Gender Differences in Preferences », *Journal of Economic Literature*, 47, 2009, p. 448-474.
77. C. H. Tinsley et R. J. Ely, « What Most People Get Wrong About Men and Women », *Harvard Business Review*, 96, 2018, p. 114-121.
78. R. B. Adams et V. Ragunathan, « Lehman Sisters », *FIRN Research Paper*, 2015.
79. M. Castillo, G. Leo et R. Petrie, « Room composition effects on risk taking by gender », *Experimental Economics*, 23, 2020, p. 895-911.
80. H. Tómasdóttir, « A feminine response to Iceland's financial crash », TED Talk, 2010. Disponible sur : https://www.ted.com/talks/halla_tomasdottir_a_feminine_response_to_iceland_s_financial_crash. [Consulté le : 22 août 2024.]
81. M. Ferrary, *Quand Lehman Brothers devient Lehman Sisters, Christine Lagarde a-t-elle raison ?*, SKEMA Business School, 2010.
82. R. B. Adams, « Women on boards : The superheroes of tomorrow ? », *The Leadership Quarterly*, 27, 2016, p. 371-386.
83. M. Faccio, M.-T. Marchica et R. Mura, « CEO gender, corporate risk-taking, and the efficiency of capital allocation », *Journal of Corporate Finance*, 39, 2016, p. 193-209.
84. C. J. García et B. Herrero, « Female directors, capital structure, and financial distress », *Journal of Business Research*, 136, 2021, p. 592-601.
85. R. B. Adams et P. Funk, « Beyond the Glass Ceiling : Does Gender Matter ? », *Management Science*, 58, 2012, p. 219-235.

86. L.-H. Wang et H.-G. Fung, « The effect of female CEO and CFO on tail risk and firm value », *Finance Research Letters*, 47, 2022, p. 102693.
87. V. Sila, A. Gonzalez et J. Hagendorff, « Women on board : Does boardroom gender diversity affect firm risk ? », *Journal of Corporate Finance*, 36, 2016, p. 26-53.
88. A. Palvia, E. Vähämaa et S. Vähämaa, « Are Female CEOs and Chairwomen More Conservative and Risk Averse ? Evidence from the Banking Industry During the Financial Crisis », *Journal of Business Ethics*, 131, 2015, p. 577-594.
89. A. N. Berger, T. Kick et K. Schaeck, « Executive board composition and bank risk taking », *Journal of Corporate Finance*, 28, 2014, p. 48-65.
90. F. Dobbin et A. Kalev, « Why diversity programs fail », *Harvard Business Review*, 2016.
91. R. Anand et M.-F. Winters, « A Retrospective View of Corporate Diversity Training From 1964 to the Present », *Academy of Management Learning & Education*, 7, 2008, p. 356-372.
92. McKinsey, *2023 DEI Initiatives Report : Inside the Lighthouses*, 2023.
93. M. al-Gharbi, « Diversity-Related Training : What Is It Good For ? », Heterodox Academy, 2020. Disponible sur : https://heterodoxacademy.org/blog/diversity-related-training-what-is-it-good-for. [Consulté le : 4 septembre 2024.]
94. V. W. Lau, V. L. Scott, M. A. Warren et M. C. Bligh, « Moving from problems to solutions : A review of gender equality interventions at work using an ecological systems approach », *Journal of Organizational Behavior*, 44, 2023, p. 399-419.
95. M. Guthridge, M. Kirkman, T. Penovic et M. J. Giummarra, « Promoting Gender Equality : A Systematic Review of Interventions », *Social Justice Research*, 35, 2022, p. 318-343.
96. P. G. Devine et T. L. Ash, « Diversity Training Goals, Limitations, and Promise : A Review of the Multidisciplinary Literature », *Annual Review of Psychology*, 73, 2022, p. 403-429.
97. E. L. Paluck, R. Porat, C. S. Clark et D. P. Green, « Prejudice Reduction : Progress and Challenges », *Annual Review of Psychology*, 72, 2021, p. 533-560.

98. B. D. Rosenberg et J. T. Siegel, « A 50-year review of psychological reactance theory : Do not read this article », *Motivation Science*, 4, 2018, p. 281-300.
99. F. Dobbin et A. Kalev, « Why Doesn't Diversity Training Work ? The Challenge for Industry and Academia », *Anthropology Now*, 10, 2018, p. 48-55.
100. A. C. Merritt, D. A. Effron et B. Monin, « Moral Self-Licensing : When Being Good Frees Us to Be Bad. Empirical Demonstrations of Moral Self-Licensing », *Social and Personality Psychology Compass*, 4, 2010, p. 344-357.
101. « Project Implicit : Take a Test », harvard.edu, s. d. Disponible sur : https://implicit.harvard.edu/implicit/takeatest.html. [Consulté le : 22 août 2024.]
102. J. Singal, *The Quick Fix : Why Fad Psychology Can't Cure Our Social Ills*, Farrar Straus & Giroux, 2021.
103. B. Gawronski, M. Morrison, C. E. Phills et S. Galdi, « Temporal Stability of Implicit and Explicit Measures : A Longitudinal Analysis », *Personality and Social Psychology Bulletin*, 43, 2017, p. 300-312.
104. T. Schmader, T. C. Dennehy et A. S. Baron, « Why Antibias Interventions (Need Not) Fail », *Perspectives on Psychological Science*, 17, 2022, p. 1381-1403.
105. M. R. Banaji et A. G. Greenwald, *Blindspot : Hidden Biases of Good People*, Random House, 2013.
106. P. S. Forscher, C. K. Lai, J. R. Axt, C. R. Ebersole, M. Herman, P. G. Devine et B. A. Nosek, « A meta-analysis of procedures to change implicit measures », *Journal of Personality and Social Psychology*, 117, 2019, p. 522-559.
107. « The Mind of the Village », Hidden Brain Media, s. d.
108. A. G. Greenwald, M. R. Banaji et B. A. Nosek, « Statistically small effects of the Implicit Association Test can have societally large effects », *Journal of Personality and Social Psychology*, 108, 2015, p. 553-561.
109. « The Third Place : Our Commitment, Renewed », starbucks.com, s. d. Disponible sur : https://stories.starbucks.com/stories/2018/thethirdplace/. [Consulté le : 22 août 2024.]

110. « Workplace diversity programmes often fail, or backfire », *The Economist*, 25 août 2022.
111. C. De Champs et C. Pirus, *Des stéréotypes de genre encore très ancrés, notamment chez les hommes*, Direction de la recherche, des études, de l'évaluation et des statistiques, 2024.
112. P. S. Forscher, W. T. L. Cox, N. Graetz et P. G. Devine, « The motivation to express prejudice », *Journal of Personality and Social Psychology*, 109, 2015, p. 791-812.
113. B. Gawronski, « Six Lessons for a Cogent Science of Implicit Bias and Its Criticism », *Perspectives on Psychological Science*, 14, 2019, p. 574-595.
114. P. Scharnitzky, *Les Stéréotypes en entreprise. Les comprendre pour mieux les apprivoiser*, Eyrolles, Paris, 2015.
115. D. Epstein, *Le Gène du sport*, Talent Sport, Paris, 2014.
116. B. Hamilton, « East African running dominance : what is behind it ? », *British Journal of Sports Medicine*, 34, 2000, p. 391.
117. « Lutter contre les discriminations et promouvoir l'égalité », Défenseur des droits, 2023. Disponible sur : https://www.defenseurdesdroits.fr/lutter-contre-les-discriminations-et-promouvoir-legalite-185. [Consulté le : 2 décembre 2024.]
118. P. Bordalo, K. Coffman, N. Gennaioli et A. Shleifer, « Stereotypes », *Quarterly Journal of Economics*, 131, 2016, p. 1753-1794.
119. D. Kahneman, *Système 1/Système 2. Les deux vitesses de la pensée*, Flammarion, 2012.
120. N. M. Else-Quest, J. S. Hyde et M. C. Linn, « Cross-national patterns of gender differences in mathematics : A meta-analysis », *Psychological Bulletin*, 136, 2010, p. 103-127.
121. T. Breda, E. Jouini, C. Napp et G. Thebault, « Gender stereotypes can explain the gender-equality paradox », *Proceedings of the National Academy of Sciences*, 117, 2020, p. 31063-31069.
122. J. Gray, *Les hommes viennent de Mars, les femmes viennent de Vénus*, J'ai Lu, 2011.
123. J. S. Hyde, « Gender Similarities and Differences », *Annual Review of Psychology*, 65, 2014, p. 373-398.

124. W. Wood et A. H. Eagly, « Biosocial Construction of Sex Differences and Similarities in Behavior », in *Advances in Experimental Social Psychology*, éd. J. M. Olson et M. P. Zanna, Academic Press, vol. 46, 2012, p. 55-123.
125. J. Schäppi, S. Stringhini, I. Guessous, K. Staub et K. L. Matthes, « Body height in adult women and men in a cross-sectional population-based survey in Geneva : temporal trends, association with general health status and height loss after age 50 », *BMJ Open*, 12, 2022, p. e059568.
126. K. C. Kling, J. S. Hyde, C. J. Showers et B. N. Buswell, « Gender differences in self-esteem : A meta-analysis », *Psychological Bulletin*, 125, 1999, p. 470-500.
127. K. O. McGraw et S. P. Wong, « A common language effect size statistic », *Psychological Bulletin*, 111, 1992, p. 361-365.
128. J. S. Hyde, « The gender similarities hypothesis », *American Psychologist*, 60, 2005, p. 581-592.
129. D. Reilly, « Gender, Culture, and Sex-Typed Cognitive Abilities », *PLoS ONE*, 7, 2012, p. e39904.
130. E. Grijalva, D. A. Newman, L. Tay, M. B. Donnellan, P. D. Harms, R. W. Robins et T. Yan, « Gender differences in narcissism : A meta-analytic review », *Psychological Bulletin*, 141, 2015, p. 261-310.
131. A. H. Eagly et L. L. Carli, « The female leadership advantage : An evaluation of the evidence », *The Leadership Quarterly*, 14, 2003, p. 807-834.
132. R. Su, J. Rounds et P. I. Armstrong, « Men and things, women and people : A meta-analysis of sex differences in interests », *Psychological Bulletin*, 135, 2009, p. 859-884.
133. J. Gourdon, « JO 2024 : Paris tente d'améliorer sa mauvaise réputation quant à l'accueil des touristes », *Le Monde*, 26 juillet 2024.
134. R. Solnit, *Ces hommes qui m'expliquent la vie*, Le Seuil, « Points », 2021.
135. O. Sibony, *Vous allez commettre une terrible erreur ! Combattre les biais cognitifs pour prendre de meilleures décisions*, Flammarion, « Champs », 2019.

136. C. K. Lai, A. L. Skinner, E. Cooley, S. Murrar, M. Brauer, T. Devos, J. Calanchini, Y. J. Xiao, C. Pedram, C. K. Marshburn, S. Simon, J. C. Blanchar, J. A. Joy-Gaba, J. Conway, L. Redford, R. A. Klein, G. Roussos, F. M. H. Schellhaas, M. Burns, X. Hu, M. C. McLean, J. R. Axt, S. Asgari, K. Schmidt, R. Rubinstein, M. Marini, S. Rubichi, J.-E. L. Shin et B. A. Nosek, « Reducing implicit racial preferences : II. Intervention effectiveness across time », *Journal of Experimental Psychology : General*, 145, 2016, p. 1001-1016.

137. M. M. Duguid et M. C. Thomas-Hunt, « Condoning stereotyping ? How awareness of stereotyping prevalence impacts expression of stereotypes », *Journal of Applied Psychology*, 100, 2015, p. 343-359.

138. C. N. Macrae, G. V. Bodenhausen, A. B. Milne et J. Jetten, « Out of mind but back in sight : Stereotypes on the rebound », *Journal of Personality and Social Psychology*, 67, 1994, p. 808-817.

139. D. C. Dennett, *Consciousness Explained*, Back Bay Books, 1992.

140. L. P. Frankel, *Nice Girls Don't Get The Corner Office : Unconscious Mistakes Women Make That Sabotage Their Careers*, Grand Central Publishing, 2014.

141. S. Helgesen et M. Goldsmith, *How Women Rise : Break the 12 Habits Holding You Back*, Random House Business, 2019.

142. S. Rezvani, *Pushback : How Smart Women Ask – and Stand Up – for What They Want*, Jossey-Bass, 2012.

143. S. Sandberg, *En avant toutes*, Le livre de poche, 2014.

144. *Enquête insertion CGE 2023*, Conférence des grandes écoles, 2023.

145. M. Konnikova, « Lean Out : The Dangers for Women Who Negotiate », *The New Yorker*, 10 juin 2014.

146. S. Chesnel, « Les grandes écoles doivent contribuer à développer la parité à la tête des entreprises », interview d'Anne-Lucie Wack », *L'Express*, 5 septembre 2019.

147. M. E. Heilman, « Gender stereotypes and workplace bias », *Research in Organizational Behavior*, 32, 2012, p. 113-135.

148. L. Bian, S.-J. Leslie et A. Cimpian, « Evidence of bias against girls and women in contexts that emphasize intellectual ability », *American Psychologist*, 73, 2018, p. 1139-1153.
149. S.-J. Leslie, A. Cimpian, M. Meyer et E. Freeland, « Expectations of brilliance underlie gender distributions across academic disciplines », *Science*, 347, 2015, p. 262-265.
150. N. Quadlin, « The Mark of a Woman's Record : Gender and Academic Performance in Hiring », *American Sociological Review*, 83, 2018, p. 331-360.
151. L. A. Rudman, C. A. Moss-Racusin, P. Glick et J. E. Phelan, « Reactions to Vanguards : Advances in Backlash Theory », in *Advances in Experimental Social Psychology*, éd. P. Devine et A. Plant, Academic Press, vol. 45, 2012, p. 167-227.
152. V. L. Brescoll, « Who Takes the Floor and Why : Gender, Power, and Volubility in Organizations », *Administrative Science Quarterly*, 56, 2011, p. 622-641.
153. L. Babcock, M. P. Recalde, L. Vesterlund et L. Weingart, « Gender Differences in Accepting and Receiving Requests for Tasks with Low Promotability », *The American Economic Review*, 107, 2017, p. 714-747.
154. A. H. Eagly et S. J. Karau, « Role congruity theory of prejudice toward female leaders », *Psychological Review*, 109, 2002, p. 573-598.
155. M. E. Heilman, « Description and Prescription : How Gender Stereotypes Prevent Women's Ascent Up the Organizational Ladder », *Journal of Social Issues*, 57, 2001, p. 657-674.
156. M. E. Heilman, C. J. Block et R. F. Martell, « Sex stereotypes : Do they influence perceptions of managers ? », *Journal of Social behavior and Personality*, 10, 1995, p. 237.
157. E. T. Amanatullah et M. W. Morris, « Negotiating gender roles : Gender differences in assertive negotiating are mediated by women's fear of backlash and attenuated when negotiating on behalf of others. », *Journal of Personality and Social Psychology*, 98, 2010, p. 256-267.
158. H. R. Bowles, L. Babcock et L. Lai, « Social incentives for gender differences in the propensity to initiate negotiations :

Sometimes it does hurt to ask », *Organizational Behavior and Human Decision Processes*, 103, 2007, p. 84-103.

159. M. J. Williams et L. Z. Tiedens, « The subtle suspension of backlash : A meta-analysis of penalties for women's implicit and explicit dominance behavior », *Psychological Bulletin*, 142, 2016, p. 165-197.

160. A. Fragale, *Likeable Badass : How Women Get the Success They Deserve*, Doubleday, 2024.

161. S. Cheryan et H. R. Markus, « Masculine defaults : Identifying and mitigating hidden cultural biases », *Psychological Review*, 127, 2020, p. 1022-1052.

162. M. K. Ryan et T. Morgenroth, « Why We Should Stop Trying to Fix Women : How Context Shapes and Constrains Women's Career Trajectories », *Annual Review of Psychology*, 75, 2024, p. 555-572.

163. O. A. M. Georgeac et A. Rattan, « The business case for diversity backfires : Detrimental effects of organizations' instrumental diversity rhetoric for underrepresented group members' sense of belonging », *Journal of Personality and Social Psychology*, 124, 2023, p. 69-108.

164. C. Elkins, F. Frei et A. Morriss, « Critics of D.E.I. Forget That It Works », *The New York Times*, 21 janvier 2024.

165. N. Confessore, « The University of Michigan Doubled Down on D.E.I. What Went Wrong ? », *The New York Times*, 16 octobre 2024.

166. Mark Cuban [@mcuban], « First of all my arguments are not abstract. I own or invest in hundreds of companies. I know DEI is a positive because I see it's impact on bottom lines. Thats been reiterated by many CEOs. My definitions of D, E and I are not theoretical. They are actually used. Are yours », Twitter, 2024.

167. Elon Musk [@elonmusk], « "Diversity, Equity and Inclusion" are propaganda words for racism, sexism and other -isms. This is just as morally wrong as any other racism and sexism. Changing the target class doesn't make it right ! », Twitter, 2023.

168. P. Whoriskey et J. Mark, « DEI programs toppled amid a surge of conservative lawsuits », *Washington Post*, 27 juin 2024.

169. « The diversity backlash is underway. Here's how to resist it », *World Economic Forum*, 2022. Disponible sur : https://www.weforum.org/agenda/2022/10/the-diversity-backlash-heres-how-to-resist-it/. [Consulté le : 21 août 2024.]
170. L. Zheng, « To Avoid DEI Backlash, Focus on Changing Systems – Not People », *Harvard Business Review*, 21 septembre 2022.
171. IPSOS, *IPSOS International Women's Day Report*, 2024.
172. McKinsey et Lean In.org, *Women in the Workplace, the 10th Anniversary Report*, 2024.
173. « Population with tertiary education », OECD, 2024. Disponible sur : https://www.oecd.org/en/data/indicators/population-with-tertiary-education.html. [Consulté le : 22 août 2024.]
174. « La parité dans l'enseignement supérieur : État de l'Enseignement supérieur, de la Recherche et de l'Innovation en France », n° 17, Ministère de l'Enseignement supérieur, de la Recherche et de l'Innovation, 2022. Disponible sur : https://publication.enseignementsup-recherche.gouv.fr/eesr/FR/T173/la_parite_dans_l_enseignement_superieur/. [Consulté le : 22 août 2024.]
175. M. Bresson, « 1972-2022 : analyse de l'évolution du nombre de femmes à Polytechnique », *La Jaune et la Rouge*, 2022.
176. C. Bessière, S. Gollac et M. Mille, « Féminisation de la magistrature : quel est le problème ? », *Travail, genre et sociétés*, 36, 2016, p. 175-180.
177. National Center for Education Statistics (NCES) Home Page, part of the U.S. Department of Education, 2023. Disponible sur : https://nces.ed.gov/. [Consulté le : 22 août 2024.]
178. R. Reeves, *Of Boys and Men : Why the Modern Male Is Struggling, Why It Matters, and What to Do About It*, 2023.
179. « Représentation équilibrée F/H dans les postes de direction des grandes entreprises », Ministère du Travail, de la Santé et des Solidarités, 2024. Disponible sur : https://travail-emploi.gouv.fr/droit-du-travail/egalite-professionnelle-discrimination-et-harcelement/representation-equilibree-f-h-dans-les-postes-de-direction-des-grandes/. [Consulté le : 22 août 2024.]
180. P. Thiel et D. Sacks, *The Diversity Myth : Multiculturalism and Political Intolerance on Campus*, Independent Institute, 1999.

181. A. Wang, « Scale is a meritocracy, and we must always remain one », scale.com, 2024. Disponible sur : https://scale.com/blog/meritocracy-at-scale. [Consulté le : 22 août 2024.]

182. M. E. Heilman, C. J. Block et P. Stathatos, « The Affirmative Action Stigma Of Incompetence : Effects Of Performance Information Ambiguity », *Academy of Management Journal*, 40, 1997, p. 603-625.

183. « Canada Research Chair (Tier 2) in Pure Mathematics (Internal/External) – CMS-SMC », University of Waterloo, 2024. Disponible sur : https://cms.math.ca/job-ad/canada-research-chair-tier-2-in-pure-mathematics-internal-external/. [Consulté le : 22 août 2024.]

184. L. Flabbi, M. Macis, A. Moro et F. Schivardi, « Do Female Executives Make a Difference ? The Impact of Female Leadership on Gender Gaps and Firm Performance », *The Economic Journal*, 129, 2019, p. 2390-2423.

185. M. Bertrand, S. E. Black, S. Jensen et A. Lleras-Muney, « Breaking the Glass Ceiling ? The Effect of Board Quotas on Female Labour Market Outcomes in Norway », *The Review of Economic Studies*, 86, 2019, p. 191-239.

186. C. Bueno, « Inside the Mirrortocracy », s. d. Disponible sur : https://carlos.bueno.org/2014/06/mirrortocracy.html. [Consulté le : 22 août 2024.]

187. T. Chamorro-Premuzic, *Why Do So Many Incompetent Men Become Leaders ? (And How to Fix It)*, Harvard Business Press, 2019.

188. S. Paustian-Underdahl, L. Walker et D. Woehr, « Gender and Perceptions of Leadership Effectiveness : A Meta-Analysis of Contextual Moderators », *Journal of Applied Psychology*, 99, 2014, p. 1129.

189. O. Svenson, « Are we all less risky and more skillful than our fellow drivers ? », *Acta Psychologica*, 47, 1981, p. 143-148.

190. D. A. Moore, *Perfectly Confident : How to Calibrate Your Decisions Wisely*, Harper Business, 2020.

191. D. A. Moore et P. J. Healy, « The Trouble With Overconfidence », *Psychological Review*, 115, 2008, p. 502-517.

192. P. M. Rosenzweig, *Left Brain, Right Stuff : How Leaders Make Winning Decisions*, PublicAffairs, 2014.
193. T. Morgenroth, T. A. Kirby, M. K. Ryan et A. Sudkämper, « The who, when, and why of the glass cliff phenomenon : A meta-analysis of appointments to precarious leadership positions », *Psychological Bulletin*, 146, 2020, p. 797-829.
194. A. Galasso et T. S. Simcoe, « CEO Overconfidence and Innovation », *Management Science*, 57, 2011, p. 1469-1484.
195. K. Phua, T. M. Tham et C. Wei, « Are overconfident CEOs better leaders ? Evidence from stakeholder commitments », *Journal of Financial Economics*, 127, 2018, p. 519-545.
196. J. M. Lee, B.-H. Hwang et H. Chen, « Are Founder CEOs More Overconfident Than Professional CEOs ? Evidence from S&P 1500 Companies », *Strategic Management Journal*, 38, 2017, p. 751-769.
197. U. Malmendier et G. Tate, « CEO overconfidence and corporate investment », *Journal of Finance*, 60, 2005, p. 2661-2700.
198. D. Feiler et J. Tong, « From Noise to Bias : Overconfidence in New Product Forecasting », *SSRN Electronic Journal*, 1909, 2020, p. 1-18.
199. I. Ben-David, J. R. Graham et C. R. Harvey, « Managerial Miscalibration », *Quarterly Journal of Economics*, 128, 2013, p. 1547-1584.
200. J. Galef, *The Scout Mindset : Why Some People See Things Clearly and Others Don't*, Penguin, 2021.
201. S. Beyer et E. M. Bowden, « Gender Differences in Self-Perceptions : Convergent Evidence from Three Measures of Accuracy and Bias », *Personality and Social Psychology Bulletin*, 23, 1997, p. 157-172.
202. P. Bordalo, K. Coffman, N. Gennaioli et A. Shleifer, « Beliefs about Gender », *American Economic Review*, 109, 2019, p. 739-773.
203. C. Bengtsson, M. Persson et P. Willenhag, « Gender and overconfidence », *Economics Letters*, 86, 2005, p. 199-203.
204. « US VC female founders dashboard », Pitchbook, 2024. Disponible sur : https://pitchbook.com/news/articles/the-vc-female-founders-dashboard. [Consulté le : 22 août 2024.]

205. R. Aernoudt et A. De San José, « A gender financing gap : fake news or evidence ? », *Venture Capital*, 22, 2020, p. 127-134.
206. S. Calder-Wang et P. A. Gompers, « And the children shall lead : Gender diversity and performance in venture capital », *Journal of Financial Economics*, 142, 2021, p. 1-22.
207. J. B. Soll et J. Klayman, « Overconfidence in Interval Estimates », *Journal of Experimental Psychology : Learning, Memory & Cognition*, 30, 2004, p. 299-314.
208. M. A. Lundeberg, P. W. Fox et J. Punćcohaŕ, « Highly confident but wrong : Gender differences and similarities in confidence judgments », *Journal of Educational Psychology*, 86, 1994, p. 114-121.
209. B. D. Pulford et A. M. Colman, « Overconfidence : Feedback and item difficulty effects », *Personality and Individual Differences*, 23, 1997, p. 125-133.
210. B. M. Barber et T. Odean, « Trading is hazardous to your wealth : The common stock investment performance of individual investors », *Journal of Finance*, 55, 2000, p. 773-806.
211. B. M. Barber et T. Odean, « Boys will be Boys : Gender, Overconfidence, and Common Stock Investment », *Quarterly Journal of Economics*, 116, 2001, p. 261-292.
212. L. Jamison, « Why Everyone Feels Like They're Faking It », *The New Yorker*, 6 février 2023.
213. O. Lewis, « Women more likely to suffer from imposter syndrome than men, according to research », *The Independent*, 7 avril 2023.
214. C. Caprino, « Impostor Syndrome Prevalence In Professional Women And How To Overcome It », *Forbes*, 23 octobre 2020.
215. I. Zaed, D. Bongetta, G. M. D. Pepa, C. Zoia, T. Somma, M. Zoli, G. Raffa et G. Menna, « The prevalence of imposter syndrome among young neurosurgeons and residents in neurosurgery : a multicentric study », *Neurosurgical Focus*, 53, 2022.
216. D. M. Bravata, S. A. Watts, A. L. Keefer, D. K. Madhusudhan, K. T. Taylor, D. M. Clark, R. S. Nelson, K. O. Cokley et H. K. Hagg, « Prevalence, Predictors, and Treatment of Impostor Syndrome : A Systematic Review », *Journal of General Internal Medicine*, 35, 2020, p. 1252-1275.

217. P. R. Clance, « Clance IP Scale », s. d. Disponible sur : https://paulineroseclance.com/pdf/IPTestandscoring.pdf. [Consulté le : 22 août 2024.]
218. R. Tulshyan et J.-A. Burey, « Stop Telling Women They Have Imposter Syndrome », *Harvard Business Review*, 11 février 2021.
219. S. Feenstra, C. T. Begeny, M. K. Ryan, F. A. Rink, J. I. Stoker et J. Jordan, « Contextualizing the Impostor "Syndrome" », *Frontiers in Psychology*, 11, 2020.
220. T. Hals, « Judge voids Elon Musk's "unfathomable" $56 billion Tesla pay package », *Reuters*, 31 janvier 2024.
221. W. G. Bennis, *On Becoming a Leader*, Addison-Wesley Pub. Co., 1989.
222. A. Caillé, « Pouvoir, domination, charisme et leadership », *Revue du MAUSS*, 47, 2016, p. 305-319.
223. J. Antonakis, N. Bastardoz, P. Jacquart et B. Shamir, « Charisma : An ill-defined and ill-measured gift », *Annual Review of Organizational Psychology and Organizational Behavior*, 53, 2018, p. 1-317.
224. J. Vergauwe, B. Wille, J. Hofmans, R. B. Kaiser et F. De Fruyt, « The Double-Edged Sword of Leader Charisma : Understanding the Curvilinear Relationship Between Charismatic Personality and Leader Effectiveness », *Journal of Personality and Social Psychology*, 2017.
225. J. E. Bono et T. A. Judge, « Personality and Transformational and Transactional Leadership : A Meta-Analysis », *Journal of Applied Psychology*, 89, 2004, p. 901-910.
226. D. L. Joseph et D. A. Newman, « Emotional Intelligence : An Integrative Meta-Analysis and Cascading Model », *Journal of Applied Psychology*, 95, 2010, p. 54-78.
227. J. D. Mayer, R. D. Roberts et S. G. Barsade, « Human abilities : Emotional intelligence », *Annual Review of Psychology*, 59, 2008, p. 507-536.
228. K. S. Groves, « Gender Differences in Social and Emotional Skills and Charismatic Leadership », *Journal of Leadership & Organizational Studies*, 11, 2005, p. 30-46.

229. A. Chozick, « Liz Holmes Wants You to Forget About Elizabeth », *The New York Times*, 7 mai 2023.
230. « Who was the best CEO of 2023 ? », *The Economist*, 28 décembre 2023.
231. B. Gillen, E. Snowberg et L. Yariv, « Experimenting with Measurement Error : Techniques with Applications to the Caltech Cohort Study », *Journal of Political Economy*, 127, 2019, p. 1826-1863.
232. M. Niederle et L. Vesterlund, « Do Women Shy Away from Competition ? Do Men Compete Too Much ? », *Quarterly Journal of Economics*, 122, 2007, p. 1067-1101.
233. M. Niederle et L. Vesterlund, « Gender and Competition », *Annual Review of Economics*, 3, 2011, p. 601-630.
234. U. Gneezy, M. Niederle et A. Rustichini, « Performance in Competitive Environments : Gender Differences », *Quarterly Journal of Economics*, 118, 2003, p. 1049-1074.
235. « Women are more team-oriented, according to research that may help close the gender pay gap », World Economic Forum, 2021. Disponible sur : https://www.weforum.org/agenda/2021/11/women-more-competitive-share-winnings-research-close-gender-pay-gap/. [Consulté le : 22 août 2024.]
236. S. Kesebir, « Research : How Women and Men View Competition Differently », *Harvard Business Review*, 6 novembre 2019.
237. E. Markowsky et M. Beblo, « When do we observe a gender gap in competition entry ? A meta-analysis of the experimental literature », *Journal of Economic Behavior & Organization*, 198, 2022, p. 139-163.
238. S. J. Spencer, C. Logel et P. G. Davies, « Stereotype Threat », *Annual Review of Psychology*, 67, 2016, p. 415-437.
239. B. J. Nalebuff et J. E. Stiglitz, « Prizes and Incentives : Towards a General Theory of Compensation and Competition », *The Bell Journal of Economics*, 14, 1983, p. 21-43.
240. « Le gouvernement annonce le calendrier des concours des grandes écoles », Ministère de l'Enseignement supérieur et de la Recherche, 2020. Disponible sur : https://www.enseignement-sup-recherche.gouv.fr/fr/le-gouvernement-annonce-le-calendrier-des-concours-des-grandes-ecoles-46740. [Consulté le : 22 août 2024.]

241. H. Sarsons, « Recognition for Group Work : Gender Differences in Academia », *The American Economic Review*, 107, 2017, p. 141-145.
242. H. Sarsons, K. Gërxhani, E. Reuben et A. Schram, « Gender Differences in Recognition for Group Work », *Journal of Political Economy*, 129, 2021, p. 101-147.
243. P. Cappelli et J. R. Keller, « Talent Management : Conceptual Approaches and Practical Challenges », *Annual Review of Organizational Psychology and Organizational Behavior*, 1, 2014, p. 305-331.
244. A. Benson, D. Li et K. Shue, « "Potential" and the Gender Promotion Gap », *SSRN Electronic Journal*, 31, 2024.
245. H. Ibarra et O. Obodaru, « Women and the Vision Thing », *Harvard Business Review*, 2011.
246. A. Benson, D. Li et K. Shue, « Promotions and the Peter Principle », *Quarterly Journal of Economics*, 134, 2019, p. 2085-2134.
247. M. E. Mor Barak, E. L. Lizano, A. Kim, L. Duan, M.-K. Rhee, H.-Y. Hsiao et K. C. Brimhall, « The Promise of Diversity Management for Climate of Inclusion : A State-of-the-Art Review and Meta-Analysis », *Human Service Organizations : Management, Leadership & Governance*, 40, 2016, p. 305-333.
248. I. Benhassine, « The Role of Employee Resource Groups in the Workplace Experience of Minority Employees », mémoire de master, HEC Paris, 2024.
249. J. Sandvik, R. Saouma, N. Seegert et C. T. Stanton, « Treatment and Selection Effects of Formal Workplace Mentorship Programs », *NBER Working Paper Series*, 2023.
250. J. L. Berdahl, M. Cooper, P. Glick, R. W. Livingston et J. C. Williams, « Work as a Masculinity Contest », *Journal of Social Issues*, 74, 2018, p. 422-448.
251. P. McGlone, « African American museum removes controversial graphic defining whiteness », *The Washington Post*, 17 juillet 2020.
252. G. A. Muragishi, L. Aguilar, P. B. Carr et G. M. Walton, « Microinclusions : Treating women as respected work partners

increases a sense of fit in technology companies », *Journal of Personality and Social Psychology*, 126, 2024, p. 431-460.
253. M. T. Williams, « Microaggressions : Clarification, Evidence, and Impact », *Perspectives on Psychological Science*, 15, 2020, p. 3-26.
254. E. Cantu et L. Jussim, « Microaggressions, Questionable Science, and Free Speech », *Texas Review of Law and Politics*, 26, 2021, p. 217-267.
255. N. R. Kuncel, D. M. Klieger, B. S. Connelly et D. S. Ones, « Mechanical versus clinical data combination in selection and admissions decisions : a meta-analysis. », *Journal of Applied Psychology*, 98, 2013, p. 1060-1072.
256. N. R. Kuncel, D. M. Klieger et D. S. Ones, « In hiring, Algorithms beat instinct », *Harvard Business Review*, 2014.
257. D. A. Moore, « How to Improve the Accuracy and Reduce the Cost of Personnel Selection », *California Management Review*, 60, 2017, p. 8-17.
258. F. L. Schmidt et J. E. Hunter, « The validity and utility of selection methods in personnel psychology : Practical and theoretical implications of 85 years of research findings », *Psychological Bulletin*, 124, 1998, p. 262-274.
259. P. R. Sackett, C. Zhang, C. M. Berry et F. Lievens, « Revisiting meta-analytic estimates of validity in personnel selection : Addressing systematic overcorrection for restriction of range », *Journal of Applied Psychology*, 107, 2022, p. 2040-2068.
260. M. A. Campion, D. K. Palmer et J. E. Campion, « Structuring employment interviews to improve reliability, validity and users' reactions », *Current Directions in Psychological Science*, 7, 1998, p. 77-82.
261. J. Levashina, C. J. Hartwell, F. P. Morgeson et M. A. Campion, « The structured employment interview : Narrative and quantitative review of the research literature », *Personnel Psychology*, 67, 2014, p. 241-293.
262. K. I. van der Zee, A. B. Bakker et P. Bakker, « Why are structured interviews so rarely used in personnel selection ? », *Journal of Applied Psychology*, 87, 2002, p. 176-184.

263. S. Highhouse, « Stubborn Reliance on Intuition and Subjectivity in Employee Selection », *Industrial and Organizational Psychology*, 1, 2008, p. 333-342.
264. M. Neumann, A. S. M. Niessen et R. R. Meijer, « Implementing evidence-based assessment and selection in organizations : A review and an agenda for future research », *Organizational Psychology Review*, 11, 2021, p. 205-239.
265. G. L. Stewart, S. L. Dustin, M. R. Barrick et T. C. Darnold, « Exploring the handshake in employment interviews », *Journal of Applied Psychology*, 93, 2008, p. 1139-1146.
266. S. Highhouse et M. E. Brooks, « Improving Workplace Judgments by Reducing Noise : Lessons Learned from a Century of Selection Research », *Annual Review of Organizational Psychology and Organizational Behavior*, 10, 2023, p. 519-533.
267. L. A. Rivera, « Hiring as Cultural Matching : The Case of Elite Professional Service Firms », *American Sociological Review*, 77, 2012, p. 999-1022.
268. M. Hoffman, L. B. Kahn et D. Li, « Discretion in hiring », *Quarterly Journal of Economics*, 133, 2018, p. 755-800.
269. K. P. Nolan, D. K. Dalal et N. Carter, « Threat of Technological Unemployment, Use Intentions, and the Promotion of Structured Interviews in Personnel Selection », *Personnel Assessment and Decisions*, 6, 2020, p. 38-53.
270. P. Oyer et S. Schaefer, « Firm/Employee Matching : An Industry Study of American Lawyers », *NBER Working Paper Series*, 2012, p. w18620.
271. « Espace candidats », Mozaik RH, s. d. Disponible sur : https://mozaikrh.com/candidats/. [Consulté le : 31 août 2024.]
272. I. Pinnock, « Can a few well chosen words improve inclusivity ? », Made by Many, 2014. Disponible sur : https://madebymany.com/stories/can-a-few-well-chosen-words-improve-inclusivity. [Consulté le : 31 août 2024.]
273. J. Buolamwini, *Unmasking AI : My Mission to Protect What Is Human in a World of Machines*, Random House, 2023.
274. C. O'Neil, *Weapons of Math Destruction : How Big Data Increases Inequality and Threatens Democracy*, Crown Publishers, 2016.

275. W. Knight, « Biased Algorithms Are Everywhere, and No One Seems to Care », *MIT Technology Review*, 2017.
276. B. Cowgill, « Bias and Productivity in Humans and Algorithms : Theory and Evidence from Resume Screening », Columbia Business School, Columbia University, 2020.
277. M. Raghavan, S. Barocas, J. Kleinberg et K. Levy, « Mitigating bias in algorithmic hiring : evaluating claims and practices », *Proceedings of the 2020 Conference on Fairness, Accountability, and Transparency*, 2020, p. 469-481.
278. H. Schellmann, *The Algorithm : How AI Decides Who Gets Hired, Monitored, Promoted, and Fired and Why We Need to Fight Back Now*, Hachette Books, 2024.
279. E. K. Kelan, « Algorithmic inclusion : Shaping the predictive algorithms of artificial intelligence in hiring », *Human Resource Management Journal*, 34, 2024, p. 694-707.
280. R. S. Rubinstein, L. Jussim et S. T. Stevens, « Reliance on individuating information and stereotypes in implicit and explicit person perception », *Journal of Experimental Social Psychology*, 75, 2018, p. 54-70.
281. D. K. Dalal, L. Sassaman et X. (Susan) Zhu, « The Impact of Nondiagnostic Information on Selection Decision Making : A Cautionary Note and Mitigation Strategies », *Personnel Assessment and Decisions*, 6, 2020, p. 7.
282. C. Goldin et C. Rouse, « Orchestrating Impartiality : The Impact of "Blind" Auditions on Female Musicians », *American Economic Review*, 90, 2000, p. 715-741.
283. B. L. Behaghel, B. Crépon et T. Le Barbanchon, « Unintended Effects of Anonymous Résumés », *American Economic Journal : Applied Economics*, 7, 2015, p. 1-27.
284. M. Hiscox, T. Oliver, M. Ridgway et L. Arcos-Holzinger, *Going Blind to See More Clearly : Unconscious Bias in Australian Public Service Shortlisting Processes*, BETA, 2017.
285. P. Kline, E. K. Rose et C. R. Walters, « Systemic Discrimination Among Large U.S. Employers », *Quarterly Journal of Economics*, 137, 2022, p. 1963-2036.
286. M. Bertrand et E. Duflo, « Field Experiments on Discrimination », in *Handbook of Economic Field Experiments*, éd. A. V. Banerjee et E. Duflo, North-Holland, 2017, p. 309-393.

287. M. Bertrand et S. Mullainathan, « Are Emily and Greg More Employable than Lakisha and Jamal ? A Field Experiment on Labor Market Discrimination », *American Economic Review*, 94, 2004, p. 991-1013.
288. I. Bohnet, A. Van Geen et M. Bazerman, « When performance trumps gender bias : Joint vs. separate evaluation », *Management Science*, 62, 2016, p. 1225-1234.
289. E. H. Chang, E. L. Kirgios, A. Rai et K. L. Milkman, « The Isolated Choice Effect and Its Implications for Gender Diversity in Organizations », *Management Science*, 66, 2020, p. 2752-2761.
290. « Parité dans la haute fonction publique (exposé des motifs) », Sénat, 2023. Disponible sur : https://www.senat.fr/leg/exposes-des-motifs/ppl22-123-expose.html. [Consulté le : 19 octobre 2024.]
291. E. Flitter, « At Wells Fargo, a Quest to Increase Diversity Leads to Fake Job Interviews », *The New York Times*, 19 mai 2022.
292. B. J. Lucas, Z. Berry, L. M. Giurge et D. Chugh, « A longer shortlist increases the consideration of female candidates in male-dominant domains », *Nature Human Behaviour*, 5, 2021, p. 736-742.
293. S. K. Johnson, D. R. Hekman et E. T. Chan, « If There's Only One Woman in Your Candidate Pool, There's Statistically No Chance She'll Be Hired », *Harvard Business Review*, 2016.
294. K. Buckles, « Fixing the Leaky Pipeline : Strategies for Making Economics Work for Women at Every Stage », *Journal of Economic Perspectives*, 33, 2019, p. 43-60.
295. P. Wickware, « Along the leaky pipeline », *Nature*, 390, 1997, p. 202-203.
296. M. Egan, G. Matvos et A. Seru, « When Harry Fired Sally : The Double Standard in Punishing Misconduct », *Journal of Political Economy*, 130, 2022, p. 1184-1248.
297. E. J. Castilla et S. Benard, « The Paradox of Meritocracy in Organizations », *Administrative Science Quarterly*, 55, 2010, p. 543-576.

298. L. Sun, *Gravitas : The 8 Strengths That Redefine Confidence*, Hay House, 2023.
299. E. Netchaeva, L. D. Sheppard et T. Balushkina, « A meta-analytic review of the gender difference in leadership aspirations », *Journal of Vocational Behavior*, 137, 2022, p. 103744.
300. L. Meeussen, C. T. Begeny, K. Peters et M. K. Ryan, « In traditionally male-dominated fields, women are less willing to make sacrifices for their career because discrimination and lower fit with people up the ladder make sacrifices less worthwhile », *Journal of Applied Social Psychology*, 52, 2022, p. 588-601.
301. C. Cook, R. Diamond, J. Hall, J. A. List et P. Oyer, « The Gender Earnings Gap in the Gig Economy : Evidence from over a Million Rideshare Drivers », *The Review of Economic Studies*, 88, 2021, p. 2210-2238.
302. S. E. Scullen, M. K. Mount et M. Goff, « Understanding the latent structure of job performance ratings. », *Journal of Applied Psychology*, 85, 2000, p. 956-970.
303. Z. Cullen et R. Perez-Truglia, « The Old Boys Club : Schmoozing and the Gender Gap », *American Economic Review*, 113, 2023, p. 1703-1740.
304. J. S. Lerner et P. E. Tetlock, « Accounting for the effects of accountability », *Psychological Bulletin*, 125, 1999, p. 255.
305. E. J. Castilla, « Accounting for the Gap : A Firm Study Manipulating Organizational Accountability and Transparency in Pay Decisions », *Organization Science*, 26, 2015, p. 311-333.
306. T. Obloj et T. R. Zenger, « The influence of pay transparency on (gender) inequity, inequality, and the performance-basis of pay », *Nature Human Behaviour*, 6, 2022, p. 646-655.
307. L. Abraham, « The gender gap in performance reviews », *Journal of Economic Behavior & Organization*, 214, 2023, p. 459-492.
308. M. Jasor, « Quand l'image du pouvoir décourage les candidatures… surtout féminines », *Les Échos*, 1er juin 2022.
309. C. Kang, « Google data-mines its approach to promoting women », *Washington Post*, 2 avril 2014.
310. N. Erkal, L. Gangadharan et E. Xiao, « Leadership selection : Can changing the default break the glass ceiling ? », *The Leadership Quarterly*, 33, 2022, p. 101563.

311. J. C. He, S. K. Kang et N. Lacetera, « Opt-out choice framing attenuates gender differences in the decision to compete in the laboratory and in the field », *PNAS*, 118, 2021, p. e2108337118.
312. A. Leibbrandt et J. A. List, « Do Women Avoid Salary Negotiations ? Evidence from a Large-Scale Natural Field Experiment », *Management Science*, 61, 2015, p. 2016-2024.
313. « Les salaires dans le secteur privé en 2023 », Insee Première, n° 2020, 2024. Disponible sur : https://www.insee.fr/fr/statistiques/8270416#tableau-figure2. [Consulté le : 12 novembre 2024.]
314. « Écart de salaire entre femmes et hommes en 2022 », Insee, 2022. Disponible sur : https://www.insee.fr/fr/statistiques/7766515. [Consulté le : 29 août 2024.]
315. C. Goldin, « Nobel Lecture : An Evolving Economic Force », *American Economic Review*, 114, 2024, p. 1515-1539.
316. C. Goldin, « Why Women Won », *NBER Working Paper Series*, 2023.
317. F. D. Blau et L. M. Kahn, « The Gender Wage Gap : Extent, Trends, and Explanations », *Journal of Economic Literature*, 55, 2017, p. 789-865.
318. C. Goldin, « A grand gender convergence : its last chapter », *American Economic Review*, 104, 2014, p. 1091-1119.
319. « Inégalités salariales : depuis lundi 11 h 25, les Françaises travaillent gratuitement », *Les Échos*, 2023. Disponible sur : https://www.lesechos.fr/economie-france/social/inegalites-salariales-a-partir-de-ce-lundi-11h35-les-francaises-travaillent-gratuitement-2026856. [Consulté le : 17 août 2024.]
320. « Salaires et revenus d'activité en 2021 – Bases Tous salariés – Résultats pour toutes les communes, départements, régions, intercommunalités… », Insee, 2023. Disponible sur : https://www.insee.fr/fr/statistiques/7653413 ?geo=FE-1#ancre-SAL_G3. [Consulté le : 17 août 2024.]
321. R. Fryer, « It's time for data-first diversity, equity, and inclusion », *Fortune*, 20 juin 2022.
322. H. Boushey, *Are Women Opting Out ? Debunking the Myth*, Center for Economic and Policy Research, 2005.

323. R. J. Ely, P. Stone et C. Ammerman, « Rethink What You "Know" About High-Achieving Women », *Harvard Business Review*, 92, 2014, p. 100-109.
324. H. Antecol, K. Bedard et J. Stearns, « Equal but Inequitable : Who Benefits from Gender-Neutral Tenure Clock Stopping Policies ? », *American Economic Review*, 108, 2018, p. 2420-2441.
325. D. H. Maister, *The Trusted Advisor : 20th Anniversary Edition*, Free Press, 2021.
326. T. Le Barbanchon, R. Rathelot et A. Roulet, « Gender Differences in Job Search : Trading off Commute against Wage », *Quarterly Journal of Economics*, 136, 2021, p. 381-426.
327. G. Azmat, L. Hensvik et O. Rosenqvist, « Workplace Presenteeism, Job Substitutability and Gender Inequality », *Journal of Human Resources*, 2022.
328. M. Lalanne, « Horaires, salaires, concurrence… L'univers démesuré des jeunes banquiers d'affaires », *Le Figaro*, 28 avril 2022.
329. T. F. Pettigrew et L. R. Tropp, « A meta-analytic test of intergroup contact theory », *Journal of Personality and Social Psychology*, 90, 2006, p. 751-783.
330. K. Hellerstedt, T. Uman et K. Wennberg, « Fooled by Diversity ? When Diversity Initiatives Exacerbate Rather Than Mitigate Bias and Inequality », *Academy of Management Perspectives*, 38, 2024, p. 23-42.
331. L. Wallrich, V. Opara, M. Wesołowska, D. Barnoth et S. Yousefi, « The relationship between team diversity and team performance : reconciling promise and reality through a comprehensive meta-analysis registered report », *Journal of Business and Psychology*, 2024, p. 1-52.
332. A. Edmondson, « Psychological Safety and Learning Behavior in Work Teams », *Administrative Science Quarterly*, 44, 1999, p. 350.
333. C. Spearman, « General intelligence, objectively determined and measured », *American Journal of Psychology*, 15, 1904, p. 201-293.

334. A. W. Woolley, C. Chabris, A. Pentland, N. Hashmi et T. W. Malone, « Evidence for a Collective Intelligence Factor in the Performance of Human Groups », *Science*, 330, 2010, p. 686-688.
335. A. Woolley et T. Malone, « What makes a team smarter ? More women », *Harvard Business Review*, 89, 2011, p. 32-33.
336. S. Baron-Cohen, S. Wheelwright, J. Hill, Y. Raste et I. Plumb, « The "Reading the Mind in the Eyes" Test Revised Version : A Study with Normal Adults, and Adults with Asperger Syndrome or High-Functioning Autism », *Journal of Child Psychology*, 42, 2001, p. 241-251.
337. A. W. Woolley, I. Aggarwal et T. W. Malone, « Collective Intelligence and Group Performance », *Current Directions in Psychological Science*, 24, 2015, p. 420-424.
338. M. Kozhevnikov, « Cognitive styles in the context of modern psychology : Toward an integrated framework of cognitive style », *Psychological Bulletin*, 133, 2007, p. 464-481.
339. M. Kozhevnikov, C. Evans et S. M. Kosslyn, « Cognitive Style as Environmentally Sensitive Individual Differences in Cognition : A Modern Synthesis and Applications in Education, Business, and Management », *Psychological Science in the Public Interest*, 15, 2014, p. 3-33.
340. A. Grant, « MBTI, If You Want Me Back, You Need to Change Too », *Medium*, 2015.
341. S. J. Armstrong, E. Cools et E. Sadler-Smith, « Role of Cognitive Styles in Business and Management : Reviewing 40 Years of Research », *International Journal of Management Reviews*, 14, 2012, p. 238-262.
342. Leeandlowbooks, « Where is the diversity in publishing ? The 2023 diversity baseline survey results », Lee & Low Blog, 2024. Disponible sur : https://blog.leeandlow.com/2024/02/28/2023diversitybaselinesurvey/. [Consulté le : 22 août 2024.]
343. Y. Mounk, *Le Piège de l'identité. Comment une idée progressiste est devenue une idéologie délétère*, L'Observatoire, 2023.
344. D. Abbot, A. Bikfalvi, A. L. Bleske-Rechek, W. Bodmer, P. Boghossian, C. M. Carvalho, J. Ciccolini, J. A. Coyne, J. Gauss, P. M. W. Gill, S. Jitomirskaya, L. Jussim, A. I. Krylov,

G. C. Loury, L. Maroja, J. H. McWhorter, S. Moosavi, P. N. Schwerdtle, J. Pearl, M. A. Quintanilla-Tornel, H. F. S. Iii, P. R. Schreiner, P. Schwerdtfeger, D. Shechtman, M. Shifman, J. Tanzman, B. L. Trout, A. Warshel et J. D. West, « In Defense of Merit in Science », *Journal of Controversial Ideas*, 3, 2023.

345. P. Paul, « A Paper That Says Science Should Be Impartial Was Rejected by Major Journals. You Can't Make This Up », *The New York Times*, 4 mai 2023.

346. I. Bohnet, *What Works*, Harvard University Press, 2016.

347. J. A. Cervantez et K. L. Milkman, « Can nudges be leveraged to enhance diversity in organizations ? A systematic review », *Current Opinion in Psychology*, 60, 2024, p. 101874.

348. N. Chater et G. F. Loewenstein, « The i-Frame and the s-Frame : How Focusing on the Individual-Level Solutions Has Led Behavioral Public Policy Astray », *SSRN Electronic Journal*, 2022, p. 1-41.

349. Boston Consulting Group, « Quelle place pour les femmes à la direction des entreprises du CAC 40 et du SBF 120 ? », décembre 2024. Disponible sur : https://www.bcg.com/press/10december2024-cac-40-et-loi-rixain-seulement-50-des-entreprises-pretes-pour-2026. [Consulté le : 22 janvier 2025.]

REMERCIEMENTS

Ce livre s'appuie sur un grand nombre de conversations, au fil des années, avec des dirigeantes et dirigeants, créateurs d'entreprises, responsables de ressources humaines, managers de la diversité et autres acteurs impliqués sur cette question importante. Je les en remercie chaleureusement. Et j'ai hâte de connaître leurs avis, qui seront sans aucun doute variés, sur les thèses que je développe ici.

J'ai une dette considérable envers les centaines de chercheuses et chercheurs dont les travaux constituent l'ossature de ce livre. Au risque d'alourdir la lecture, je me suis efforcé d'en citer un certain nombre dans le texte (et non seulement dans les références). Si je les mets en avant autant que possible, c'est pour rappeler que sur la question de la diversité, comme sur beaucoup de sujets de management, il existe des travaux de recherche nombreux et solides, que les praticiens du management gagneraient à consulter plus souvent. J'espère que la bibliographie détaillée fournie ici (et accessible en version électronique sur mon site web personnel) les y incitera.

Enfin, pour leur contribution sur des questions particulières, leurs encouragements, ou leur relecture attentive et critique de certains chapitres, je remercie tout particulièrement Paul-Louis Caylar, Nathalie Gonzalez, Saïd Hammouche, Lisa Kepinski, Ariane Komorn, Sophie Marchessou, Hélène Reltgen, Anne-Lise Riond, Diane Segalen, Lélia Sibony, Alexandra Soto, Boris Walbaum, et bien sûr Pauline Kipfer et son équipe chez Flammarion. Naturellement, toutes les opinions exprimées ici n'engagent que moi.

Table

III
Les stéréotypes du leadership

IV
Cinq axes d'action

Cet ouvrage a été mis en pages par

<pixellence>

CET OUVRAGE
A ÉTÉ ACHEVÉ D'IMPRIMER
SUR ROTO-PAGE
PAR L'IMPRIMERIE FLOCH
À MAYENNE EN FÉVRIER 2025

N° d'édition : 634381-0. N° d'impression : 106443
Dépôt légal : mars 2025
Imprimé en France